U0610509

住房财富与家庭经济行为研究

蒋佳伶◎著

RESEARCH ON THE IMPACT OF
HOUSING WEALTH ON
ECONOMIC BEHAVIORS OF HOUSEHOLDS

经济管理出版社
ECONOMY & MANAGEMENT PUBLISHING HOUSE

图书在版编目（CIP）数据

住房财富与家庭经济行为研究/蒋佳伶著 . —北京：经济管理出版社，2022. 10
ISBN 978-7-5096-8747-5

Ⅰ.①住… Ⅱ.①蒋… Ⅲ.①住宅经济—家庭经济学—经济行为—研究—中国
Ⅳ.①F299. 233

中国版本图书馆 CIP 数据核字（2022）第 186895 号

组稿编辑：赵亚荣
责任编辑：赵亚荣
一审编辑：姜玉满
责任印制：许　艳
责任校对：蔡晓臻

出版发行：经济管理出版社
　　　　　（北京市海淀区北蜂窝 8 号中雅大厦 A 座 11 层　100038）
网　　　址：www. E-mp. com. cn
电　　　话：（010）51915602
印　　　刷：唐山昊达印刷有限公司
经　　　销：新华书店
开　　　本：720mm×1000mm/16
印　　　张：12. 25
字　　　数：203 千字
版　　　次：2022 年 11 月第 1 版　　2022 年 11 月第 1 次印刷
书　　　号：ISBN 978-7-5096-8747-5
定　　　价：68. 00 元

·版权所有　翻印必究·

凡购本社图书，如有印装错误，由本社发行部负责调换。
联系地址：北京市海淀区北蜂窝 8 号中雅大厦 11 层
电话：（010）68022974　　邮编：100038

前　言

改革开放以来，中国的经济总量不断增加，经济增长速度跃居世界前列。自全球金融危机爆发后，中国的经济增长在近年开始进入缓慢下降通道，2012年我国GDP增长率跌破8%，国内经济开始转入中高速增长阶段。在国内经济发展由高速增长阶段转向高质量发展阶段的背景下，经济发展面临着诸多不确定性。投资方面，钢铁、煤炭等行业产能过剩，三四线城市①房地产库存过多的问题突出，投资结构需要不断优化，"三去一降一补"需要深入推进。出口方面，中美贸易摩擦加剧，汇率风险加大，汇率市场化改革需要进一步深化，保持人民币汇率在合理均衡水平上的基本稳定。消费方面，"高储蓄、低消费"的事实依旧存在，内需不足的问题依然突出，需要积极扩大消费需求，促进消费，稳定增长。此外，房地产价格高企，供需不平衡，杠杆率过高；中小微企业融资难、融资贵，创业门槛依旧很高；金融市场欠发达，居民投资渠道有限；劳动力供应不断萎缩，人口老龄化程度加剧，人口红利逐渐消失等问题依旧突出。目前国内的大多数研究都是关于房价对家庭行为的影响，住房财富的变化，作为反映住房市场状况的微观测度之一，其对家庭行为的影响还没有得到充分关注和研究。住房财富作为家庭财富的重要组成部分，其对家庭行为的影响需要深入挖掘。目前国内

---

① 一线城市包括北京市、上海市、深圳市、广州市、成都市、杭州市、武汉市、重庆市、南京市、天津市、苏州市、西安市、长沙市、沈阳市、青岛市、郑州市、大连市、东莞市、宁波市。二线城市包括厦门市、福州市、无锡市、合肥市、昆明市、哈尔滨市、济南市、佛山市、长春市、温州市、石家庄市、南宁市、常州市、泉州市、南昌市、贵阳市、太原市、烟台市、嘉兴市、南通市、金华市、珠海市、惠州市、徐州市、海口市、乌鲁木齐市、绍兴市、中山市、台州市、兰州市。其余城市为三四五线城市。此为笔者调研当年根据网络资料整理得到。

对于住房财富影响家庭行为的研究局限于消费决策，关于资产选择、创业决策和劳动供给的研究还很匮乏。鉴于此，本书运用 2015 年和 2017 年中国家庭金融调查的数据，研究住房财富变化对我国城镇家庭行为的影响及其作用机制。在研究内容上，本书从以下六个方面展开分析：第一，梳理住房市场发展历程，分析住房市场的现状。第二，从微观视角测度家庭住房财富并从不同维度描述家庭住房财富特征。第三，研究住房财富与家庭储蓄率之间的关系。第四，研究住房财富与家庭资产选择之间的关系。第五，研究住房财富对家庭创业行为的影响。第六，研究住房财富对家庭劳动供给行为的影响。最后，本书总结了上述问题的研究结果，提出相应的政策启示，并指出下一步的研究方向。

目　录

1 引 言

1.1 家庭金融与住房经济学

家庭金融与公司金融、资产定价被称为现代金融学研究的三大领域，相比后两者而言，家庭金融又是一个新兴领域。时任美国金融学会主席的约翰·坎贝尔将家庭金融定义为家庭运用金融工具实现其目标的学科。家庭金融行为则是家庭为了实现效用最大化，所进行的包括消费、储蓄、投资等行为。家庭债务是金融风险的重要来源。家庭资产反映了家庭的"家底"，对于居民的消费、储蓄和投资行为具有重要的影响，进而影响宏观经济走势。家庭收入、消费是人民日益增长的美好生活需要的现实体现，为政府解决不平衡不充分发展的现状提供依据。可见，家庭部门是国民经济核算体系的重要组成部分，家庭既是消费者，又是投资者，还是社会资金的主要供给者，在促进整个国民经济可持续发展的过程中发挥着重要作用。

住房经济学是房地产经济运行过程的理论化和系统化，以揭示和反映房地产经济运行规律为宗旨，是应用经济学的一个重要分支。住房经济学与城市经济学、资源经济学、金融学等学科相互交叉、紧密联系。住房经济学主要的研究对象包括土地与住房、住房价格、住房制度改革、住房抵押贷款、住房财富效应、住房需求与供给、住房限购令、住房空置率等问题。

本书从住房视角丰富完善家庭金融领域的相关研究。一方面，目前国内的大多数研究都是研究房价对家庭行为的影响，住房财富的变化，作为反映住房市场状况的微观测度之一，其对家庭行为的影响还没有得到充分关注和研究。房价只能具体到一个省、一个县，而住房财富可以细化到微观家庭个体；房价仅仅是单价，住房价值是住房单价与住房面积的乘积，能够更加全面且精确识别住房财富对家庭行为的影响。另一方面，家庭金融作为现代金融学研究的三大分支领域之一，相对国外研究仍然处于初级阶段。消费储蓄决策、投资决策、创业决策和劳动供给决策都是家庭行为的重要方面，决定家庭能否实现整个生命周期的最优配置，关系到家庭福利水平的高低。微观调查数据库的建立为研究家庭的一系列行为奠定了良好的数据基础。住房财富作为家庭财富的重要组成部分，其对家庭行为的影响需要深入挖掘。目前国内对于住房财富影响家庭行为的研究比较局限于消费决策，关于资产选择、创业决策和劳动供给的研究还很匮乏。本书另辟角度，考察住房财富对家庭储蓄率的影响。此外，本书深入探讨住房财富影响家庭行为的内在机制，是对现有房地产经济学和家庭金融研究的补充和拓展。

本书从住房视角厘清住房市场影响宏观经济的微观机理，把握住房在微观家庭决策中发挥的重要作用。首先，1998 年的住房制度改革开启了住房商品化的时代。中国的住房市场总体上保持不断上涨趋势。房价的快速上涨给自有住房家庭带来了巨大的住房财富。但是，不同地区、不同城市的房地产价格波动较大，蕴含着巨大的风险。宏观经济结果是微观行为决策的综合反应，本书分析住房市场对微观家庭行为的影响，对于把握房地产市场对经济发展的长远影响、深化住房市场改革、推动房地产市场健康持续发展具有启示性意义。其次，虽然政府出台大量鼓励消费的政策措施，但中国家庭低消费、高储蓄问题由来已久。本书从住房视角考察住房财富对家庭储蓄率的影响，对于进一步刺激消费、挖掘内需增长潜力、增强经济增长内生动力具有重要的实践意义。再次，我国金融市场虽在不断发展和完善，我国家庭对于金融资产的选择日趋风险化，但是我国家庭的资产配置仍以储蓄为主，风险资产处于低水平。家庭作为资本市场的重要参与者，从住房角度分析家庭风险金融市场投资行为，有利于最终实现打造规范、透明、开放、有活力、有韧性的资本市场的目标。最后，就业是民生之本、财富之源。

近年来，为了缓解人口老龄化、老年抚养比过高的现状，改善养老负担重、劳动力供给不足的局面，国家开放了三孩政策、探索设计延迟退休等，与此同时，作为小型企业、微型企业、家庭作坊式企业、个体工商户的统称，小微企业在推动创新创业、提供就业岗位、推进城镇化建设、维持社会稳定、促进经济增长、调整产业结构等方面发挥着至关重要的作用，但是小微企业融资难、融资贵的问题依然制约着经济社会的平稳发展。在此背景下，本书从微观角度分析住房市场对家庭创业和微观个体劳动供给行为的影响，对于深入推进大众创业、万众创新，警惕住房价格过快增长可能引发的劳动供给负面效应具有重要的指导意义。

1.2　数据来源

本书所用数据来自中国家庭金融调查（China Household Finance Survey，CHFS）项目。中国家庭金融调查是一项全国性调查，也是中国首个以家庭金融为主题的调查。中国家庭金融调查采用三阶段分层、与人口规模成比例（PPS）的抽样方法，通过科学抽样、现代调查技术和调查管理手段，收集中国家庭金融微观信息，以便为国内外研究者研究中国家庭金融问题提供高质量的微观数据。CHFS 在样本人口年龄结构、城乡人口结构、性别结构等多个方面与人口普查数据相一致，数据具有良好的代表性（甘犁等，2013）。该项目采用了多项措施控制抽样误差和非抽样误差，数据质量高。CHFS 调查目前已进行六轮，每一轮次都包括家庭的资产与负债、收入与支出、保险与保障、家庭人口特征及就业等方面的详细信息，也提供了住房、劳动行为以及金融资产配置方面的详细信息，可以从不同角度深入研究住房财富问题。这些信息国内其他微观数据库中可得性低，因此，这一数据库为本书研究提供了良好的数据基础。

表 1-1 描述了每一轮次的样本覆盖情况及追访情况。2011 年第一轮中国家庭金融调查覆盖了全国 25 个省（区、市）、80 个县（区、市）、320 个社区（村），共获得 8438 户家庭的详细信息。2013 年第二轮中国家庭金融调查覆盖了

全国 29 个省（区、市）、264 个县（区、市）、1035 个社区（村），共获得 28142 户家庭的详细信息。2015 年第三轮中国家庭金融调查覆盖了全国 29 个省（区、市）、349 个县（区、市）、1373 个社区（村），共获得 37289 户家庭的详细信息。2017 年第四轮中国家庭金融调查覆盖了全国 29 个省（区、市）、353 个县（区、市）、1404 个社区（村），共获得 40011 户家庭的详细信息。2019 年第五轮中国家庭金融调查覆盖了全国 29 个省（区、市）、345 个县（区、市）、1360 个社区（村），共获得 34643 户家庭的详细信息。从 2013 年到 2015 年，部分省份的样本量发生了比较大的变化，如四川和湖北两个省份。从 2015 年到 2017 年，则基本保持一致。此外，由于 2011 年和 2013 年问卷与后续调查年份问卷相比，缺少研究所需的部分关键信息，且与其他年度可比性较低，2019 年公开数据信息有限，因此本书主要采用 2015 年和 2017 年的平衡面板数据。具体地，在研究住房财富对家庭储蓄率、家庭资产选择和家庭创业的影响时，采用两年的面板数据，主要考察住房财富的变化对上述家庭行为的影响。在研究住房财富对个体劳动供给的影响时，由于个体 ID 无法与之前年份匹配，并且某一个体可能因去世不再是家庭成员，也可能因成年成为被研究对象，综合考虑，我们采用 2017 年的截面数据，考察住房增值、住房价值和住房净财富对个体劳动供给决策的影响。

表 1-1　每一轮次样本覆盖情况及追访情况

Panel A						
年份	省（区、市）	市	县（区、市）	社区（村）	家庭数	个体数
2011	25	—	80	320	8438	29324
2013	29	165	264	1035	28142	97916
2015	29	170	349	1373	37289	140966
2017	29	170	353	1404	40011	127012
2019	29	172	345	1360	34643	107008

Panel B					
年份	2011	2013	2015	2017	2019
2011	8438	6846	5753	4752	—
2013	—	28142	21775	16836	7514

Panel B				
年份	2011	2013	2015	2017	2019
2015	—	—	37289	26824	12638
2017	—	—	—	40011	17494
2019	—	—	—	—	34643

1.3 研究脉络与主要内容

为了准确衡量住房价格变化对微观家庭财富的直接影响，本书主要基于2015年和2017年中国家庭金融调查数据，从微观家庭角度构建住房财富指标，研究住房财富对微观家庭消费储蓄、资产选择、创业和劳动供给行为的影响。本书首先回顾了中国住房市场发展历程。其次构建了住房财富指标并描述了不同群体、不同城市规模、不同地区的住房财富特征。然后，实证考察了住房财富对家庭消费储蓄行为的影响。再次，研究住房财富对家庭资产选择的影响。而后，研究住房财富对家庭创业和个体劳动供给的影响，最后总结全文。

本书共包括8章。具体而言，各个章节的内容如下：

第1章为引言。首先，介绍家庭金融的相关概念以及住房经济学的主要研究对象。其次，从理论和实际两个角度阐述了本书的研究意义。最后，介绍本书的研究思路和主要内容。

第2章回顾住房市场发展历程。首先，阐述了住房市场和宏观经济的关系。其次，总结了政府对住房市场宏观调控的一系列政策。最后，描述了住房市场的发展现状。

第3章测度住房财富。首先，比较了住房财富与住房价格。其次，选取住房价值和住房净财富作为住房财富的测度指标。最后，描述了不同群体、不同城市规模、不同地区的住房财富特征。

第 4 章研究住房财富对家庭储蓄率的影响。首先，研究了住房价值和住房净财富对城镇家庭储蓄率的平均效应。其次，从不同收入水平家庭、不同财富水平家庭、不同城市规模、不同住房属性、不同房屋数量、不同年龄段家庭等展开异质性分析和进一步分析。最后，从缓解流动性约束和降低预防性储蓄动机两个角度探索住房财富影响家庭储蓄率的潜在机制并对主要发现进行了稳健性检验。

第 5 章考察住房财富对家庭资产选择的影响。首先，研究了住房价值和住房净财富对城镇家庭股市参与和金融市场参与的影响。其次，从不同年龄段、人力资本水平高低、是否有工作、不同城市规模、不同地域等展开异质性分析。再次，考察了住房财富对家庭股票资产占比和风险资产占比的影响，并从不同房屋数量、不同住房属性和卖房行为展开进一步分析。最后，从投资组合多样化需求的视角探索住房财富影响家庭金融市场参与广度和深度的潜在机制并对主要发现进行了稳健性检验。

第 6 章分析住房财富与家庭创业的关系。首先，实证分析了住房财富与家庭新增创业之间的关系。同时，考察了住房财富对创业家庭的经营规模、经营绩效和劳动供给的影响以及对家庭创业失败的影响。其次，从不同区域、不同城市规模以及人力资本水平的高低展开异质性分析。再次，进一步分析了住房财富对主动创业、不同类型创业和未来创业意愿的影响。同时，也研究了房屋数量、住房属性等与家庭创业之间的关系。最后，从缓解流动性约束和提高工商业信贷可得性两个角度探索住房财富提高家庭创业概率的潜在机制并对主要发现进行了稳健性检验。

第 7 章研究住房财富与家庭劳动供给的关系。首先，实证分析了住房财富升值对家庭成员劳动参与决策和劳动时间的影响。其次，研究了住房财富升值对家庭工作人数以及工作人数占适龄劳动力比例的影响。最后，分性别、分年龄段、分不同城市规模、分不同收入水平、分不同住房属性进行异质性分析并对主要结论进行稳健性检验。

第 8 章为本书的研究结论及政策建议。首先，系统地总结本书主要的研究结论。其次，根据所研究内容，提出有针对性的政策建议。最后，对未来的相关研究提出展望。

2 中国的住房市场

2.1 中国住房市场与宏观经济

改革开放以来，中国的经济总量不断增加，经济增长速度跃居世界前列。从 1978 年到 2020 年，国内生产总值（GDP）由 3678.7 亿元增加到 1015986.2 亿元，人均 GDP 由 384.7 元提高到 71999.6 元。中国年均经济增长速度达到 9.2%。2013～2019 年，中国对世界经济增长年均贡献率接近 30%，成为带动世界经济增长的火车头①。此外，居民生活水平也大幅度提高，2020 年人均可支配收入提高到 32188.8 元。然而，2008 年的国际金融危机，使得世界经济结构加快调整，全球经济治理机制发生深刻变革，对中国经济也产生了深远影响。图 2-1 描述了 2000～2020 年世界主要发达国家和金砖五国的 GDP 增长率。由图 2-1 可知，主要发达国家的 GDP 增长率总体低于金砖国家，除金融危机时期和新冠肺炎疫情时期外，波动幅度较小，尤其是英美两国，经济发展基数大，发展阶段更为成熟。金砖国家中，中国的 GDP 增长率总体上要显著领先于其他金砖国家。2000～2007 年，中国的 GDP 增长率逐年攀升，到 2007 年达到最高点 14.23%。自全球金融危机爆发后，中国的经济增长开始进入缓慢下降通道，但 GDP 增长

---

① 参见 https://baijiahao.baidu.com/s? id=1673057567290313437&wfr=spider&for=pc。

率波动较小，在6%~7%浮动。拉动经济增长的"三驾马车"中，依靠投资和出口的经济发展模式已经无法适应"新常态"的需要，中国经济面临着转型，合理引导消费、储蓄、投资，形成消费、投资、出口协调拉动经济增长的新局面是当前深化改革、增强发展内生动力的重要目标。

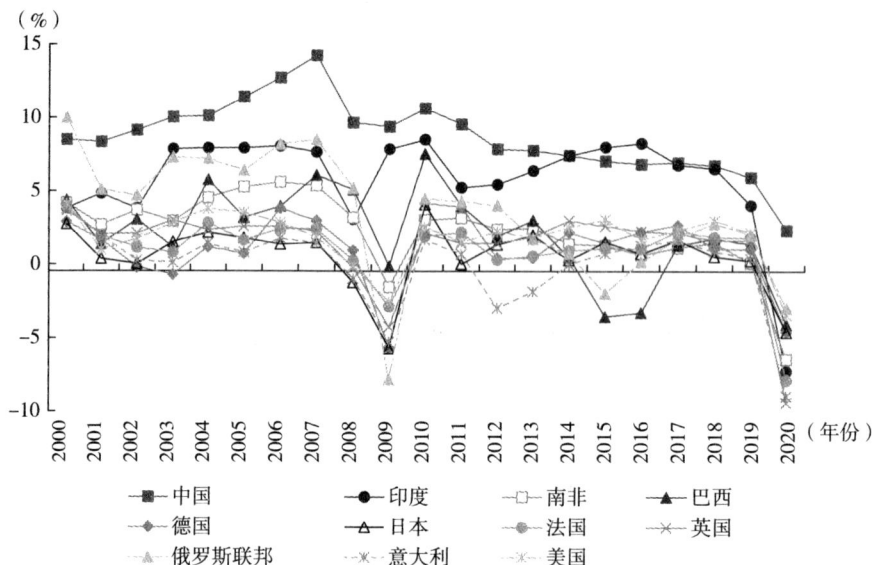

图2-1 2000~2020年世界主要发达国家和金砖五国GDP增长率

资料来源：世界银行数据库。

在国内经济发展由高速增长阶段转向高质量发展阶段的背景下，经济发展面临着诸多不确定性。投资方面，钢铁、煤炭等行业产能过剩，三四线城市房地产库存过多的问题突出，投资结构需要不断优化，"三去一降一补"需要深入推进。出口方面，中美贸易摩擦加剧，汇率风险加大，汇率市场化改革需要进一步深化，保持人民币汇率在合理均衡水平上的基本稳定。消费方面，"高储蓄、低消费"的事实依旧存在，内需不足的问题依然突出，需要积极扩大消费需求，促进消费稳定增长。此外，房地产价格高企，供需不平衡，杠杆率过高；中小微企业融资难、融资贵，创业门槛依旧很高；金融市场欠发达，居民投资渠道有限；劳动力供应不断萎缩，人口老龄化程度加剧，人口红利逐渐消失等问题依旧突出。

伴随着改革开放的进程，中国城镇居民的住房市场化改革步伐不断加快，市场化程度也迅速提高，房地产行业得到迅速发展，并逐渐成为国民经济的支柱行业。图 2-2 描述了 2000~2019 年房地产行业与经济发展之间的关系。由图 2-2 可知，房地产市场作为经济的"寒暑表"和"晴雨表"，与经济增长呈正相关关

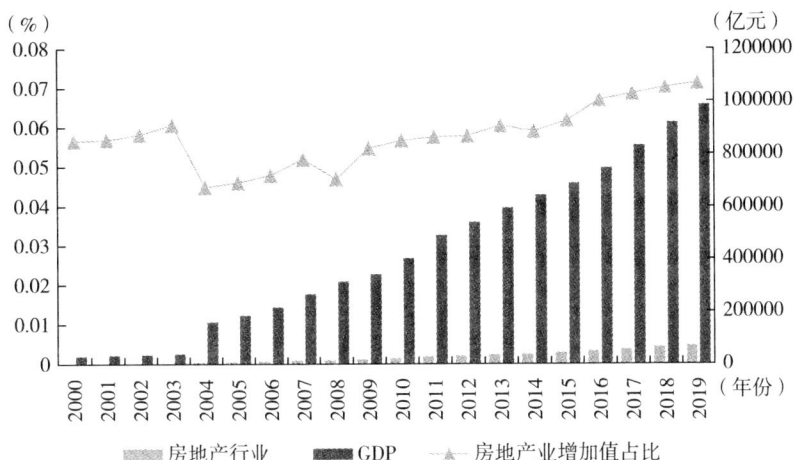

图 2-2　2000~2019 年房地产行业与经济发展

资料来源：《中国统计年鉴》。

系。房地产行业易积聚系统性风险，会影响最终消费的扩大和经济结构的优化调整，最终影响到经济社会的健康发展。住房问题作为重要的民生问题之一，是改善经济"脱实向虚"局面的关键抓手。住房制度改革使中国成为世界上住房自有率最高的国家之一。根据住房和城乡建设部的数据，2005 年城镇居民的住房自有率已达到 81.62%，超过了大多数国家的同期水平。即使在 2017 年，德国、法国、奥地利的自有住房率也很低，分别为 43.9%、57.9% 和 45.9%①。根据《2017 中国城镇住房空置分析》报告，中国家庭拥有住房的比例为 92.8%，其中城镇家庭的住房拥有率为 90.2%。随着房地产市场的繁荣发展，房价在总体上快速上涨，全国商品房销售均价从 2000 年的 2112 元上涨到 2020 年的 9860 元。房

---

① 数据来源于 The Household Finance and Consumption Survey（2017）。

价的快速上涨给自有住房家庭带来了巨大的住房财富。根据《中国家庭财富调查报告2019》，房产净值是家庭财富最重要的组成部分，城镇居民家庭房产净值占家庭人均财富的71.35%，农村居民家庭房产净值的占比为52.28%。根据《中国家庭财富指数调研报告（2020）》，住房资产增加贡献了财富增长的69.9%，住房资产升值是财富增长的关键。可见，住房是家庭投资组合中占比最大，也是最重要的资产（Yao and Zhang，2005）。

2.2 中国住房市场发展历程

"安得广厦千万间，大庇天下寒士俱欢颜，风雨不动安如山"。住房问题是关乎民生的根本大事。探究中国住房制度改革历程，具有重要的学术及现实意义，不仅有利于讲好中国微观故事，也有利于"建立多主体供给、多渠道保障、租购并举的住房制度"，实现"住有所居"的目标。

自改革开放以来，住房制度经历了四次变革。1978～1997年是住房市场化、商品化改革阶段。改革开放后，我国开始推进住房商品化、市场化改革，政府相继制定和颁布了一系列与住房市场有关的法律法规和政策措施，如1991年国务院73号文《关于全面推进城镇住房制度改革的意见》、1994年国务院43号文《国务院关于深化城镇住房制度改革的决定》，指明了住房发展的商品化、社会化方向，为房地产业的进一步发展奠定了良好的以市场经济为特征的法律和制度基础。1998～2003年是房地产市场化发展阶段。1998年国务院23号文《国务院关于进一步深化城镇住房制度改革加快住房建设的通知》，进一步明确了住宅制度改革的目标，标志着我国住房实物分配制度的终止，开启了住房商品化的时代。2003年国务院18号文《国务院关于促进房地产市场持续健康发展的通知》，使得中国城镇居民的住房市场化改革步伐不断加快，市场化程度也迅速提高和深化，房地产行业得到迅速发展，并逐渐成为国民经济的支柱行业。2004～2014年是周期性刺激调控阶段。中国房地产市场在发展过程中面临房地产价格和投资增长过快、住房供求的结构性矛盾突出、发展不平衡等问题，为了加强对房地产市场的监管、调控和风险防范，中央政府多次出台房地产市场调控文件，如《国务院办公厅关于切实稳定住房价格的通知》（又称"国八条"）、《国务院办公厅关于进一步做好房地产市场调控工作有关问题的通知》（又称"新国八条"）、《关于调整住房供应结构稳定住房价格的意见》、《国务院办公厅关于促进房地产市场健康发展的若干意见》、《国务院关于坚决遏制部分城市房价过快上涨的通知》（又称"新国十条"）、《国务院办公厅关于进一步做好房地产市场调控工作有关问题的通知》等。2015~2022 年是房地产长效机制改革阶段。党的十八届五中全会以来，房地产政策迎来了以去库存及坚持住房居住属性的新时代。政府围绕住房供给侧结构性改革和房地产市场长效机制的建设出台了一系列政策，如"房产契税新政"、《国务院办公厅关于加快培育和发展住房租赁市场的若干意见》、《关于在人口净流入的大中城市加快发展住房租赁市场的通知》，等等。2017 年12 月 8 日的中央政治局会议明确提出了"加快住房制度改革和长效机制建设"，12 月 20 日的中央经济工作会议再次强调"完善促进房地产市场平稳健康发展的长效机制，保持房地产市场调控政策连续性和稳定性"。2020 年，《关于构建更加完善的要素市场化配置体制机制的意见》的发布，对我国推进土地、劳动力、资本、技术、数据等市场化改革，加速实现空间要素协调性集聚效应，积极稳妥实施房地产市场平稳健康发展长效机制方案以及更好地贯彻落实"房住不炒"总体定位均具有重要作用。表 2-1 梳理了每一阶段的房地产调控政策。其中，中国经济进入新常态以后的政策措施值得深入研究。

表 2-1　1978~2022 年主要房地产调控政策

发展阶段	年份	调控文件	主要内容
1978~1997 年：住房市场化、商品化改革阶段	1980	《全国基本建设工作会议汇报提纲》	正式宣布我国实行住宅商品化的政策
	1988	《国务院住房制度改革领导小组关于在全国城镇分期分批推行住房制度改革的实施方案》	首个房改法规性文件确定"提房租增工资"为改革战略重点
	1991	《国务院关于继续积极稳妥地进行城镇住房制度改革的通知》	住房改革"权力下放"

续表

发展阶段	年份	调控文件	主要内容
1978~1997 年：住房市场化、商品化改革阶段	1991	《关于全面推进城镇住房制度改革的意见》	提出城镇住房制度改革的总目标、分阶段目标和相关政策问题
	1994	《国务院关于深化城镇住房制度改革的决定》	建立与社会主义市场经济体制相适应的新的城镇住房制度，实现住房商品化、社会化，全面推行住房公积金制度
1998~2003 年：房地产市场化发展阶段	1998	《国务院关于进一步深化城镇住房制度改革加快住房建设的通知》	逐步实行住房分配货币化
	2003	《国务院关于促进房地产市场持续健康发展的通知》	完善供应政策，调整供应结构；改革住房制度，健全市场体系；发展住房信贷；调控土地供应
2004~2014 年：周期性刺激调控阶段	2004	《关于继续开展经营性土地使用权招标拍卖挂牌出让情况执法监察工作的通知》（"8·31 大限"）	经营性土地出让行为必须以"招标、拍卖和挂牌"方式进行
	2005	《国务院办公厅关于切实稳定住房价格的通知》（"国八条"）	稳定住房价格，调整住房供应结构，正确引导居民合理消费
	2005	《国务院办公厅关于进一步做好房地产市场调控工作有关问题的通知》（"新国八条"）	禁止期房转让；出售购买不足两年住房，征收营业税
	2005	《关于做好稳定住房价格工作的意见》	改善住房供应结构；调整住房转让环节营业税政策；加强信贷管理
	2006	《关于调整住房供应结构稳定住房价格的意见》（"国六条"）	发挥税收、信贷、土地政策的调节作用，个人住房按揭贷款首付款比例不得低于30%
	2007	《国务院关于解决城市低收入家庭住房困难的若干意见》	建立健全城市廉租住房制度，改进和规范经济适用住房制度
	2008	《国务院办公厅关于促进房地产市场健康发展的若干意见》	加大廉租房建设力度；开展棚户区改造
	2009	"国四条"	抑制投资和投机性住房需求
	2010	《国务院办公厅关于促进房地产市场平稳健康发展的通知》（"国十一条"）	增加保障性住房和普通商品住房有效供给，继续抑制投资和投机性住房需求

发展阶段	年份	调控文件	主要内容
2004~2014 年：周期性刺激调控阶段	2010	《国务院关于坚决遏制部分城市房价过快上涨的通知》（"新国十条"）	采取限购、提高首付款比例等手段平抑房价，开始了新一轮的房地产调控
	2011	《国务院办公厅关于进一步做好房地产市场调控工作有关问题的通知》	强化差别化住房信贷政策，加强税收征管，合理引导住房需求
	2011	重庆和上海进行个人房产税试点	通过保有环节调控房地产税收的开端
	2012	限购令延续；进行小产权房清理	试点开展小产权房清理，不确权发证
	2013	《国务院办公厅关于继续做好房地产市场调控工作的通知》（"新国五条"）	抑制投机投资性购房，增加普通商品住房及用地供应
	2014	《中国人民银行 中国银行业监督管理委员会关于进一步做好住房金融服务工作的通知》（"930 房贷新政"）	首套房贷款最低首付款比例为 30%，贷款利率下限为贷款基准利率的 0.7 倍，开展房地产投资信托基金（REITs）试点
2015~2022 年：房地产长效机制改革阶段	2015	"房产契税新政"	
	2016	《国务院办公厅关于加快培育和发展住房租赁市场的若干意见》	支持住房租赁消费，促进住房租赁市场健康发展
	2017	限售令	调控房价
	2017	《关于在人口净流入的大中城市加快发展住房租赁市场的通知》	推进租赁住房建设，培育和发展住房租赁市场
	2017	党的十九大报告	"房住不炒"
	2018	《关于规范金融机构资产管理业务的指导意见》（"资管新规"）	加大房企融资成本及门槛，严禁银行理财违规进入房地产领域
	2019	政府工作报告	改革完善住房市场体系和保障体系，促进房地产市场平稳健康发展
	2020	《中共中央、国务院关于构建更加完善的要素市场化配置体制机制的意见》	有助于贯彻落实"房住不炒"

续表

发展阶段	年份	调控文件	主要内容
2015～2022年：房地产长效机制改革阶段	2021	政府工作报告	坚持"房住不炒"定位，稳地价、稳房价、稳预期
	2022	政府工作报告	坚持"房住不炒"定位，稳地价、稳房价、稳预期

随着中国经济进入新常态，房地产市场也进入了新的发展阶段。对于一线及二线城市来说，由于土地供给的稀缺性，人口和产业集聚程度高，其房地产行业具有较大的发展空间。对于三四五线中小城市来说，由于经济发展较为落后，人口持续流出，其房地产行业面临着需求乏力、库存高企等严峻形势。房地产行业结构性分化问题日益严重，"高房价""高库存"的局面并存。一方面，房价快速上涨会引发贫富差距、金融安全和资产泡沫等问题。另一方面，大量囤积的空置住房不利于增加中低收入者的住房消费需求，也不利于房地产市场的平稳健康发展。在此背景下，政府形成了住房、土地、财税和金融四位一体的房地产调控体系。2014年3月，国务院发布《国家新型城镇化规划（2014—2020年）》，提出构建房地产市场调控长效机制的政策着力点，应包括住房、土地、财税、金融这四个方面。2015年4月，中共中央政治局首次提出，要建立房地产健康发展的长效机制。2016年12月，中央经济工作会议首次明确建立房地产长效机制的五大手段——金融、土地、财税、投资和立法。

在住房方面，政府实施了限购限贷限价限售的"四限"政策。第一轮限购政策始于2010年4月17日国务院出台的《国务院关于坚决遏制部分城市房价过快上涨的通知》（"新国十条"），北京成为全国首个执行限购政策的城市，此后，上海、深圳、广州、三亚、海口、天津、杭州、苏州、温州等省会城市和诸多沿海发达城市共46个城市出台了限购政策。第一轮限购政策持续了三年时间，房价上涨的趋势得到了有效遏制。然而，随着经济下行压力加大，政府开始放松限购政策。2014年，呼和浩特成为全国首个取消限购的城市，截至9月底，已有41个城市取消了限购。第二轮限购政策始于2016年9月30日，相比于第一轮限购政策来说，出台时间更为密集，执行态度更为坚决，政策力度也更为严厉。北京、天津、南京、厦门、深圳、佛山、惠州等共 32 个城市执行了限购政策。表 2-2 和表 2-3 分别总结了主要大中城市限购和限售政策的实施情况。

表 2-2 主要城市第一轮限购政策的发布日期及结束日期

序号	城市	限购开始	限购结束	序号	城市	限购开始	限购结束
1	北京	2010 年 5 月		20	昆明	2011 年 1 月	2014 年 8 月
2	兰州	2010 年 7 月	2014 年 9 月	21	太原	2011 年 1 月	2014 年 8 月
3	天津	2010 年 10 月	2014 年 7 月	22	石家庄	2011 年 2 月	2014 年 7 月
4	大连	2010 年 10 月	2014 年 9 月	23	哈尔滨	2011 年 2 月	2014 年 8 月
5	上海	2010 年 10 月		24	济南	2011 年 2 月	2014 年 7 月
6	南京	2010 年 10 月	2014 年 9 月	25	青岛	2011 年 2 月	2014 年 9 月
7	杭州	2010 年 10 月	2014 年 8 月	26	南宁	2011 年 2 月	2014 年 10 月
8	宁波	2010 年 10 月	2014 年 7 月	27	成都	2011 年 2 月	2014 年 7 月
9	福州	2010 年 10 月	2014 年 8 月	28	贵阳	2011 年 2 月	2014 年 8 月
10	厦门	2010 年 10 月	2014 年 8 月	29	西安	2011 年 2 月	2014 年 8 月
11	广州	2010 年 10 月		30	西宁	2011 年 2 月	2014 年 9 月
12	深圳	2010 年 10 月		31	银川	2011 年 2 月	2014 年 8 月
13	海口	2010 年 10 月	2014 年 7 月	32	无锡	2011 年 2 月	
14	温州	2010 年 10 月		33	沈阳	2011 年 3 月	2014 年 9 月
15	长春	2011 年 1 月	2014 年 7 月	34	长沙	2011 年 3 月	2014 年 7 月
16	合肥	2011 年 1 月	2014 年 8 月	35	乌鲁木齐	2011 年 3 月	2014 年 10 月
17	南昌	2011 年 1 月	2014 年 8 月	36	金华	2011 年 3 月	
18	郑州	2011 年 1 月	2014 年 8 月	37	三亚	2011 年 3 月	
19	武汉	2011 年 1 月	2014 年 9 月	38	呼和浩特	2011 年 4 月	2014 年 6 月

资料来源：综合参考叶剑平和李嘉（2018）、刘雷（2020）、史悦（2019）等，并由作者整理得到。

在限购城市中，北京、深圳、上海、广州、无锡等持续限购，2014 年，"930 房贷新政"颁布，在这一政策的刺激下，70 个大中城市的房价迅速上涨。在此背景下，为了遏制房价过快上涨，抑制投资和投机性住房需求，宁波、福州、天津、海口、郑州、太原、武汉、昆明、青岛、成都、南京、济南、沈阳、长沙、兰州、合肥、大连、石家庄等暂停后重启限购。中山、廊坊、东莞、嘉兴、保定、赣州、沧州、承德、唐山、江门、九江、孝感、北海、宁德、秦皇岛和张家口等城市首次限购。除了限购政策，限售政策也是调控房价的重要举措。限售政策作为政府的行政强制性手段，依据持有房地产的时间差异性，可以简单精准地区分刚性需求、投资性需求和投机性需求，极大地提高了政策实施效果。

表 2-3　主要城市限售政策的发布日期

序号	城市	日期	序号	城市	日期
1	北京	2017 年 3 月	18	南宁	2017 年 9 月
2	厦门	2017 年 3 月	19	重庆	2017 年 9 月
3	福州	2017 年 3 月	20	南昌	2017 年 9 月
4	杭州	2017 年 3 月	21	贵阳	2017 年 9 月
5	广州	2017 年 3 月	22	石家庄	2017 年 9 月
6	青岛	2017 年 3 月	23	桂林	2017 年 9 月
7	惠州	2017 年 4 月	24	宁波	2017 年 10 月
8	海口	2017 年 4 月	25	北海	2017 年 10 月
9	扬州	2017 年 4 月	26	三亚	2017 年 10 月
10	济南	2017 年 4 月	27	泉州	2017 年 11 月
11	郑州	2017 年 5 月	28	昆明	2017 年 12 月
12	南京	2017 年 5 月	29	大连	2018 年 3 月
13	无锡	2017 年 5 月	30	丹东	2018 年 5 月
14	徐州	2017 年 6 月	31	长春	2018 年 5 月
15	沈阳	2017 年 8 月	32	哈尔滨	2018 年 5 月
16	武汉	2017 年 8 月	33	成都	2017 年 4 月
17	长沙	2017 年 9 月	34	西安	2017 年 6 月

资料来源：综合参考叶剑平和李嘉（2018）、刘雷（2020）、史悦（2019）等，并由作者整理得到。

除了限购和限售政策，限贷政策在调控房价中也发挥着重要作用。表 2-4 总结了主要城市限贷政策的实施情况。由表 2-4 可知，大部分城市只对第二套房限贷，对首套房没有约束。大部分城市二套房的首付款比例具有较大差异，贵阳为 30%，而广州、海口等为 70%。可见，由于不同城市房价上涨的程度不同，因此限贷的比例也具有很大差异。在对首套房限贷的城市中，大部分城市的首付款比例均为 30%，厦门最低，为 20%，北京、青岛最高，为 40%。在限贷的城市中，随着时间的推移，限贷范围和首付款比例均在发生变化。以北京为例，2010 年 6 月，北京开始对二套房限贷，2013 年 4 月对第二套房的首付款比例从 60% 提高到 70%。2016 年 10 月，开始对第一套房限贷。2017 年 3 月，再一次对第二套房进行限贷。

表 2-4   主要城市限贷政策发布日期及首付款比例　　　　　单位：%

城市	日期	首套	二套	城市	日期	首套	二套
北京	2010 年 6 月		60	无锡	2016 年 10 月	30	40
天津	2010 年 6 月	30	50	杭州	2016 年 10 月		60
大连	2010 年 10 月	30	50	南昌	2016 年 10 月	30	
太原	2011 年 1 月	30	50	济南	2016 年 10 月	30	40
长春	2011 年 2 月		60	上海	2016 年 11 月		70
沈阳	2011 年 2 月		60	福州	2016 年 11 月	30	50
上海	2011 年 2 月		60	武汉	2016 年 11 月	30	50
南京	2011 年 2 月		60	深圳	2016 年 11 月	30	70
杭州	2011 年 2 月		60	天津	2016 年 12 月	30	40
福州	2011 年 2 月		60	郑州	2016 年 12 月		60
西安	2011 年 2 月		60	北京	2017 年 3 月		70
海口	2011 年 3 月		60	石家庄	2017 年 3 月		50
昆明	2011 年 3 月		60	青岛	2017 年 3 月	40	
石家庄	2011 年 7 月	30	60	长沙	2017 年 3 月	30	45
北京	2013 年 4 月		70	广州	2017 年 3 月		70
沈阳	2013 年 11 月		65	海口	2017 年 3 月		70
武汉	2013 年 11 月		70	三亚	2017 年 3 月		50
广州	2013 年 11 月		70	宁波	2017 年 4 月	30	
深圳	2013 年 11 月		70	济南	2017 年 4 月		60
南昌	2013 年 12 月		70	成都	2017 年 4 月		60
上海	2016 年 3 月		70	南宁	2017 年 5 月		40
厦门	2016 年 7 月	20	60	兰州	2017 年 5 月	30	
北京	2016 年 10 月	40		贵阳	2017 年 6 月		30
南京	2016 年 10 月	30	50				

资料来源：综合参考叶剑平和李嘉（2018）、刘雷（2020）、史悦（2019）等，并由作者整理得到。

信贷、税收和土地供给也是中央政府调节住房消费结构的主要政策工具。信贷政策方面，主要利用住房公积金、商业住房贷款等信贷工具为住房消费提供支持。税收方面，主要根据不同阶段房地产市场状况调整房地产交易环节契税和营业税。土地供给方面，主要通过增加普通商品住房及用地供应，以实现"量缩价平"的目标。

通过梳理每一阶段的房地产调控文件和具体的政策措施，可以看出，随着房地产市场发展程度的不同，政府每一阶段的调控目标和调控手段都在发生变化。调控目标上，早期调控目标是通过吸引房地产投资及加快土地使用制度改革，促进房地产市场的开发与发展；中期目标是通过解决房地产过热所带来的房价过高、市场失序等问题，促进房地产市场的平稳运行；近期目标则强调住房的居住属性和住房调控的地方政府主体责任，并考虑不同区域住房市场的异质性，以建立房地产调控长效机制。调控手段上，为了刺激住房消费，最初开启公房出售，后来逐步运用住房公积金和商业银行贷款等信贷政策。为了调节住房消费结构，开始综合采用信贷、税收等手段。随着商品房去库存问题的凸显，中央政府目前大力发展租赁市场。

2.3 中国住房市场发展现状

本部分将从人均建筑面积、住宅商品房销售面积、住宅开发投资额和100个城市住房价格等描述中国住房市场发展现状。

城市住房制度改革和房地产业发展的根本目的就是改善群众的居住条件。2019年城镇居民人均住房建筑面积为39.8平方米，比2002年增长62.1%；农村居民人均住房建筑面积为48.9平方米，比2000年增长97.2%①。图2-3描述了1998~2020年住宅商品房销售面积和住宅开发投资额的变动趋势。表2-5则报告了自住房市场形成后，住宅商品房销售面积和住宅开发投资额的年增长情况。结

---

① 参见 https：//baijiahao. baidu. com/s? id＝1673357954181582359&wfr＝spider&for＝pc。

合图2-3和表2-5可知，住宅商品房销售面积和住宅开发投资额总体上呈不断增长趋势。从住宅商品房销售面积来看，只有2008年金融危机和2014年中国经济进入新常态后，年增长率为负，其余年份均同比有所增长。增长速度上，房地产长效机制改革阶段明显慢于房地产市场化发展阶段和周期性刺激调控阶段。从住宅开发投资额来看，年增长率均为正。增长速度上，依然是房地产长效机制改革阶段明显慢于房地产市场化发展阶段和周期性刺激调控阶段。可见，房地产行业作为经济的"寒暑表"和"晴雨表"，房地产市场相关指标的变化能够间接反映政府调控思路的转变。

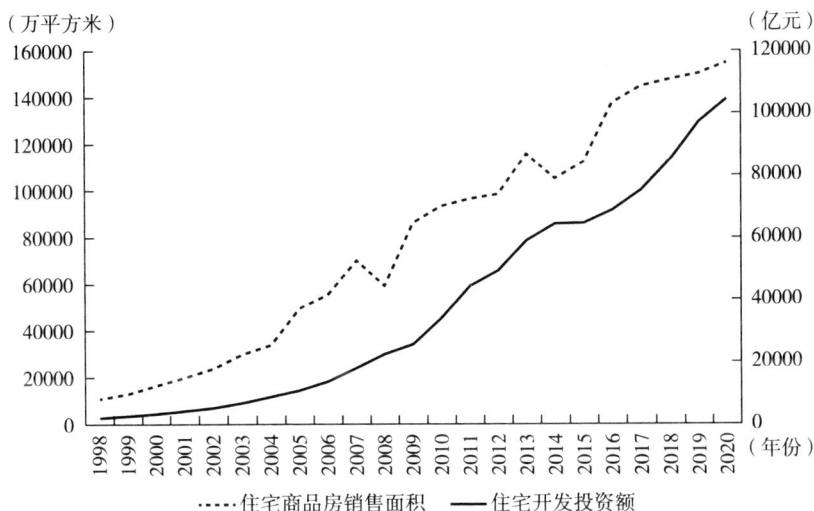

图2-3 1998~2020年住宅商品房销售面积和住宅开发投资额

资料来源：《中国统计年鉴》。

表2-5 1998~2020年住宅商品房销售面积和住宅开发投资额年增长率

年份	住宅商品房销售面积（万平方米）	年增长（%）	住宅开发投资额（亿元）	年增长（%）
1998	10827.1		2081.56	
1999	12997.87	20.05	2638.48	26.75
2000	16570.28	27.48	3311.98	25.53

年份	住宅商品房销售面积（万平方米）	年增长（%）	住宅开发投资额（亿元）	年增长（%）
2001	19938.75	20.33	4216.68	27.32
2002	23702.31	18.88	5227.76	23.98
2003	29778.85	25.64	6776.69	29.63
2004	33819.89	13.57	8836.95	30.40
2005	49587.83	46.62	10860.93	22.90
2006	55422.95	11.77	13638.41	25.57
2007	70135.88	26.55	18005.42	32.02
2008	59280.35	-15.48	22440.87	24.63
2009	86184.89	45.39	25613.69	14.14
2010	93376.6	8.34	34026.23	32.84
2011	96528.41	3.38	44319.5	30.25
2012	98467.51	2.01	49374.21	11.41
2013	115722.69	17.52	58950.76	19.40
2014	105187.79	-9.10	64352.15	9.16
2015	112412.29	6.87	64595.24	0.38
2016	137539.93	22.35	68703.87	6.36
2017	144788.77	5.27	75147.88	9.38
2018	147759.59	2.05	85124.02	13.28
2019	150144.32	1.61	97070.75	14.03
2020	154878.47	3.15	104445.73	7.60

资料来源：《中国统计年鉴》，增长率的数据由作者计算得到。

　　随着中国城镇居民的住房市场化改革步伐不断加快，市场化程度也迅速提高，房地产行业得到迅速发展，并逐渐成为国民经济的支柱行业。伴随着房地产市场的繁荣发展，房价在总体上快速上涨，全国商品房销售均价从2000年的2112元上涨到2020年的9860元。图2-4报告了2010年6月至2022年3月期间100个城市以及不同规模城市住房价格的变化趋势。其中，一线城市除了北上广深外，还包括成都、杭州、武汉、天津、重庆、西安等15个新一线城市。图2-4显示，总体上看，100个城市的房价呈不断上涨趋势，从2010年6月的9042

元/平方米上涨到 2022 年 3 月的 16189 元/平方米。分不同规模城市来看，一线
城市房价上涨最快，从 2010 年 6 月的 20799.5 元/平方米上涨到 2022 年 3 月的
43667.75 元/平方米。尤其是 2015 年 4 月至 2016 年 9 月这一区间，房价呈火箭
式增长。二线城市和三线城市相比一线城市房价来说，上涨比较平稳，与 100 个
城市的平均房价走势相似。具体来说，二线城市和三线城市的房价分别从 2010
年 6 月的 8637.86 元/平方米和 6396.15 元/平方米上涨到 2022 年 3 月的 14945.73
元/平方米和 10080.39 元/平方米。

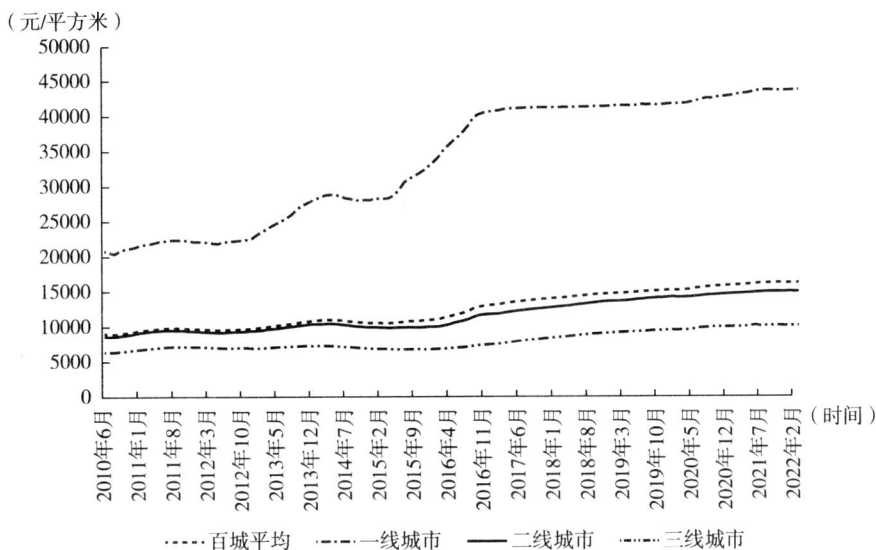

图 2-4　2010 年 6 月~2022 年 3 月各线城市的住房价格走势

资料来源：《中国统计年鉴》。

　　进一步地，表 2-6 报告了 2010~2020 年我国不同梯度的城市住房价格的增
长率情况。我们分别计算了住房价格复合增长率和算术平均增长率。由表 2-6 可
知，100 个城市的住房价格复合增长率为 6.28%，算术平均增长率为 6.42%。分
不同梯度城市来看，一线城市无论是复合增长率还是算术平均增长率，均高于二
线城市和三线城市。一线城市的住房价格复合增长率和算术平均增长率分别为
7.30% 和 7.50%。二线城市的住房价格复合增长率和算术平均增长率分别为

5.07%和5.20%。三线城市的住房价格复合增长率和算术平均增长率分别为4.12%和4.20%。

表 2-6   2010~2020 年住房价格增长率   单位：%

	住房价格复合增长率	住房价格算术平均增长率
百城	6.28	6.42
一线城市	7.30	7.50
二线城市	5.07	5.20
三线城市	4.12	4.20

2.4   本章小结

宏观经济形势是我国房地产市场发展的基础，也是政策调控的参照依据。当前，中国步入高质量发展的新阶段，住房问题作为重要的民生问题之一，是改善经济"脱实向虚"局面的关键抓手。房地产行业易积聚系统性风险，会影响最终消费的扩大和经济结构的优化调整，最终影响到经济社会的健康发展。作为经济的"寒暑表"和"晴雨表"，房地产行业与宏观经济关系密切。自改革开放以来，我国住房市场改革经历了住房市场化、商品化改革，房地产市场化发展，周期性刺激调控和房地产长效机制改革四个阶段，住房市场日益壮大，不断发展。中国经济进入新常态后，政府从住房、信贷、税收和土地几个维度出台了大量调控房价，促进房地产市场平稳健康发展的政策措施。中国的房地产行业日新月异，商品房销售面积逐年增加，商品房开发投资额也在逐年上升。居民居住条件得到极大改善，2019 年城镇居民人均住房建筑面积为 39.8 平方米，比 2002 年增长 62.1%；农村居民人均住房建筑面积为 48.9 平方米，比 2000 年增长 97.2%。中国住房市场价格总体呈现不断上涨趋势，在一线（包括新一线）城市尤其明显。

3 微观家庭的住房财富

3.1 住房财富指标选择

在第 2 章中，我们论述了中国的住房市场。本章将从微观视角测度中国住房市场的发展，即微观家庭的住房财富。已有文献主要采取两类指标研究住房变量与家庭行为之间的关系。一种是基于省级或市级层面的地区房价指标，另一种是基于微观调查数据，由被调查对象报告自己主观估计的住房价值。两种测度指标各有优劣。对于地区房价指标来说，其优点在于相对外生，其缺点主要有以下几点：第一，地区层面的住房价格只能细化到一个市、一个县，只能粗略衡量家庭所在地区住房市场的繁荣程度，无法精确识别到社区层面乃至家庭层面的住房财富。第二，地区住房价格的测量也存在误差，由于许多不可观测的因素如个人偏好、收入预期等可能与外生的地理位置相关，即使运用工具变量法也无法保证工具变量的外生性，从而使得房价变化有噪声。第三，住房价格指标的构建一般采用住房销售额与住房销售面积的比值计算而来，属于间接构造，缺乏统一的公开住房价格信息的平台，降低了住房价格的准确性。对于自我感知的住房财富来说，其优点在于，住房价值由住房价格与住房面积两部分构成。同一社区相同的住房价格下，由于面积的不同，住房价值也会有显著差异，因而能精确识别每个微观家庭的住房财富。其缺点在于，主观估计的住房价值可能与真实的住房价值存在偏差，并且内生性较强。综合来看，微观测度的住房财富可以与其他微观层面的家庭特征和家庭行为直接链接，有利于实现更加精准地分析不同住房财富群体的行为差异，并且可以通过工具变量估计或者面板固定效应方法尽可能克服微观测度的内生性问题。因此本书运用第二种方式测度住房财富，具体采用的衡量指标有住房增值、住房价值和住房净财富。

本书将住房增值定义为房子目前的价值与购房成本之间的差额。2017 年询问了六套房的价值和购房成本。我们采用六套房的价值作为住房总价值，采用六套房的成本作为住房总成本。问卷中对应的问题分别是（c2016）：目前，这所房子值多少钱？（c2013）：当初获得这套房子时，您家一共花了多少钱？包括各种税费。本书将住房净财富定义为住房资产与住房负债（包括正规和非正规负债）的差额。在实证部分，我们将住房价值、住房增值以及住房净财富采用加 1 再取自然对数的方法。2015 年的定义同上。Case 等（2005）和 Engelhardt（1996a）认为自我报告的住房价值具有优越性，是消费和储蓄决策的驱动力，因为其反映了房屋所有者对这些概念的理解，国外被学者广泛使用的美国收入动态面板数据（Panel Study of Income Dynamics，PSID）、消费者金融调查数据（Survey of Consumer Finances，SCF）、收入调查与项目参与（Survey of Income and Program Participation，SIPP）等数据库也是采用自我报告的住房价值①。

3.2 住房财富的作用

住房不仅仅是资产，而且是家庭的耐用消费品，提供居住和其他住房服务。由此，住房通常是家庭最重要的资产，占家庭财富的很大一部分。作为一种重要的物质资本，住房财富在一系列家庭行为和活动中起着重要作用。现有文献发现，通过改变家庭整个生命周期的财富并缓解流动性约束，住房财富会影响家庭

---

① 需要说明的是，Engelhardt（1996a）认为，住房价值理想的定义是：根据在调查访问这一时点上房屋的交易价格销售房屋，所能获得的价值并去掉通货膨胀的影响。关于自我报告的住房价值的优点和不足，参见 Engelhardt（1996a）。

消费支出（Case et al.，2005；Hurst and Stafford，2004；Campbell and Cocco，2007；Carroll et al.，2011；Browning et al.，2013；Mian et al.，2013；Been et al.，2020；Chen et al.，2020；He et al.，2020；Hu et al.，2020；Kaplan et al.，2020；Waxman et al.，2020；Pan and Wu，2021）和负债（Mian and Sufi，2011）。住房财富和住房价格也对生育决策（Lovenheim and Mumford，2013）、生育率（Dettling and Kearney，2014）、教育决策（Lovenheim，2011；Lovenheim and Reynolds，2013）、长期护理保险的需求（Davidoff，2010）和离婚率（Farnham et al.，2011）产生重大影响。本书考察住房财富对家庭储蓄率、金融市场参与、创业和劳动供给等行为的影响。这些行为之间是密切联系的。首先，消费储蓄决策和投资决策是家庭决策的重要内容。其次，家庭资产配置包括金融资产配置和非金融资产配置。在非金融资产配置中，商业资产又与家庭创业决策密切相关。最后，从个体的角度来说，创业是自我雇佣的一种形式，也是就业的一种形式，因此本书最后考察住房财富与家庭劳动供给之间的关系。此外，本书还进一步探究住房财富影响家庭行为的可能渠道，并深入分析住房财富对不同地区、不同人口统计学特征家庭的影响，以期为理解住房市场、商品市场、资本市场和劳动力市场之间的联动效应提供丰富的微观证据，为相关房地产政策的制定提供有益参考。

3.3　家庭住房财富特征

考虑到农村没有商品房，在我国只有城市住房才有比较明确的交易价格，因此根据研究需要我们只保留城镇样本。首先，我们对中国城镇家庭住房的一些基本情况进行分析。表3-1报告了在不同区域、不同城市规模的中国城镇家庭自有住房的拥有率情况。由表3-1可知，2015年和2017年，中国城镇家庭的住房拥有率分别为89.53%和88.93%。分区域和城市规模来看，2015年，东部地区住房拥有率最高，西部地区次之，最后是中部地区；三四五线城市住房拥有率高于一二线城市。2017年，东部地区住房拥有率最高，中部地区次之，最后是西部地区；三四五线城市住房拥有率依然高于一二线城市。

表 3-1 2015 年和 2017 年中国城镇家庭住房拥有率情况　　单位：%

年份	总体	东部	中部	西部	一二线城市	三四五线城市
2015	89.53	90.32	88.67	88.85	88.02	91.82
2017	88.93	89.57	88.57	88	86.85	91.02

本书主要研究住房财富对家庭行为的影响，在实证研究中，我们将样本限制在城镇有房家庭，以观测家庭住房财富变化情况。表 3-2 报告了 2015 年和 2017 年中国城镇有房家庭房屋数量拥有情况。我们将样本家庭限定在至少拥有一套住房，并且剔除极端值和异常值。具体地，我们将家庭拥有自有住房情况分为一套房、二套房和三套房及以上三组。表 3-2 显示，2015 年，拥有一套房、二套房、三套房及以上的家庭占比分别为 78.52%、18.53% 和 2.95%。与 2015 年相比，2017 年拥有一套房和二套房的家庭占比均降低，但拥有三套房及以上的家庭占比有所增加，为 3.37%。

表 3-2 2015 年和 2017 年中国城镇有房家庭房屋数量分布情况　　单位：%

年份	一套房	二套房	三套房及以上
2015	78.52	18.53	2.95
2017	78.22	18.40	3.37

住房财富由住房单价和住房面积共同构成。以住房价格作为家庭住房财富代理变量的宏观层面分析，无法区分有房家庭和无房家庭由于住房市场变化所导致的财富水平发生的变化。因此，本章利用 CHFS 微观调研获得的家庭住房价值和住房负债相关数据，描述家庭的住房财富特征。表 3-3 报告了 2015 年和 2017 年在不同区域、不同城市规模的中国城镇家庭住房财富分布情况。由表 3-3 可知，2015 年和 2017 年，中国家庭的住房价值和住房净财富都在不断增加。分区域和城市规模来看，东部地区住房财富最多，西部地区次之，最后是中部地区；三四五线城市住房财富远远低于一二线城市。

表 3-3　2015 年和 2017 年中国城镇有房家庭住房财富分布情况　　单位：元

年份	总体	东部	中部	西部	一二线城市	三四五线城市
Panel A：住房价值						
2015	831915.2	1153744	471531.4	556937.1	1110652	427630.4
2017	966625.9	1254992	656846.9	723278.3	1482736	472480.6
Panel B：住房净财富						
2015	787735	1102371	443067.8	509043.8	1052926	403097.3
2017	913215.7	1194283	617084.9	668761.8	1404877	442479.4

其次，我们分年龄段、分受教育年限和不同收入水平描述了家庭住房财富特征。根据生命周期理论，不同年龄段，家庭的住房财富不同。我们将户主年龄分为三组：35 周岁以下，35~55 周岁，55 周岁以上。表 3-4 描述了户主年龄和家庭住房财富之间的关系。由表 3-4 可知，随着年龄的增长，家庭的住房财富在下降。

表 3-4　户主年龄与家庭住房财富　　单位：元

	2015 年		2017 年	
	住房价值	住房净财富	住房价值	住房净财富
35 周岁以下	909750.3	799654.6	1188360	1038297
35~55 周岁	856971.3	810548	962896.6	906191.1
55 周岁以上	770629	756356.3	897875.4	880939

教育是体现家庭成员人力资本水平的重要信号，与家庭住房财富也有着密切关系。一般而言，受教育程度较高的群体，更有能力购买较大甚至更多的住房，因此住房财富会增加。根据户主受教育程度的不同，我们将家庭分为八组，依次为没上过学、小学、初中、高中、中专/职高、大专/高职、大学本科和研究生及以上。表 3-5 描述了 2015 年和 2017 年户主受教育年限与家庭住房财富的关系。由表 3-5 可知，户主学历越高，住房价值和住房净财富越多。2015 年，户主没上过学的家庭住房价值为 441265.8 元，而研究生及以上学历家庭的住房价值高达 2248912 元。2017 年，户主没上过学的家庭住房价值为 450245.5 元，而研究

生及以上学历家庭的住房价值高达 2763680 元。

表3-5　2015年和2017年受教育年限与家庭住房财富　　　　单位：元

	2015 年		2017 年	
	住房价值	住房净财富	住房价值	住房净财富
没上过学	441265.8	428131.2	450245.5	430191.5
小学	577109.5	560223.7	573555	553795.9
初中	657167.6	630274.3	755939.1	729115.5
高中	803512.8	769322.7	955769.8	911326.5
中专/职高	815107.9	767521.9	1060383	1000787
大专/高职	994479.8	925386.6	1297570	1209917
大学本科	1380997	1288222	1703784	1569526
研究生及以上	2248912	2027627	2763680	2467347

　　家庭收入是影响家庭住房财富的又一重要因素。一般而言，收入越多的群体，更有能力购买较大甚至更多的住房，因此住房财富会增加。将家庭按照收入水平由小到大排序，从不同收入组家庭的住房财富来看，收入最高20%组家庭的住房价值最高，2015年和2017年分别为1662482元和2110493元。收入最低20%组家庭的住房价值最低，2015年和2017年分别为489037.6元和464598.1元（见表3-6）。

表3-6　2015年和2017年家庭收入与住房财富　　　　单位：元

	2015 年		2017 年	
	住房价值	住房净财富	住房价值	住房净财富
20 分位及以下	489037.6	469104	464598.1	442709.2
20~40 分位	513587.9	491631.3	526054.1	506888.4
40~60 分位	611941.3	587129.3	708375.4	680674.5
60~80 分位	797023.5	755124.3	1078865	1029290
80~100 分位	1662482	1556203	2110493	1957451

　　最后，我们以2017年的数据为例，一方面，考察家庭住房财富的异质性；

另一方面，考察处于不同住房财富分位点上的家庭，其消费、资产配置、创业和劳动供给状况是否也有显著差异。表3-7报告了不同群体、不同城市规模、不同地区的住房财富异质性。其中，Panel A 按照城市规模分为一二线城市和三四五线城市；Panel B 按照地区分为东部和中西部；Panel C 按照户主身体状况划分，身体状况非常好、好定义为健康风险低，身体状况不好、非常不好定义为健康风险高；Panel D 按照受教育程度划分，大学、研究生及以上学历视为接受高等教育，其余为未接受高等教育；Panel E 按照年龄高低以40岁作为界限。由表3-7可知，不同群体、不同城市规模、不同地区的住房财富存在显著差异。

表3-7　住房财富的异质性　　　　　　　　　　单位：元

	住房价值	住房净财富
Panel A		
一二线城市	1688760	1619020
三四五线城市	442886.5	418584.8
Difference	−1245874***	−1200435***
Panel B		
东部	1564907	1503962
中西部	818563.3	775340.5
Difference	−746343.2***	−728621.8***
Panel C		
健康风险低	1308748	1250394
健康风险高	753196.3	732287.4
Difference	555552.1***	518106.7***
Panel D		
接受高等教育	2461825	2287560
未接受高等教育	1055152	1019276
Difference	−1406673***	−1268284***
Panel E		
40岁及以下	1403562	1251332
40岁以上	1192277	1160416
Difference	211284.4***	90916.85***

注：***表示在1%水平上显著。

图 3-1 描述了住房财富与家庭行为之间的关系。我们将家庭按照住房财富从低到高排序。由图 3-1 可知,处于不同住房财富分位点上的家庭,其消费、资产配置、创业和劳动供给状况也有显著差异,这为后面章节的实证分析提供了基本事实。

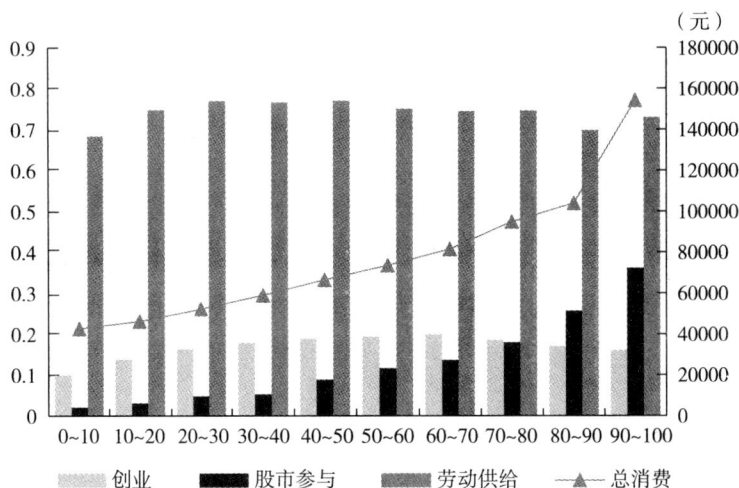

图 3-1　住房财富与家庭行为

3.4　本章小结

已有文献主要采取两类指标研究住房变量与家庭行为之间的关系。一种是基于省级或市级层面的地区房价指标,另一种是基于微观调查数据,由被调查对象报告自己主观估计的住房价值。两种测度指标各有优劣。作为一种重要的物质资本,住房财富在一系列家庭行为和活动中起着重要作用。基于中国家庭金融调查的微观数据,从家庭层面测度住房市场发展所带来的家庭财富的变化,即住房财富指标,包括住房增值、住房价值和住房净财富。描述性统计结果显示,中国城镇家庭的住房拥有率很高，大部分家庭拥有一套住房，拥有三套及以上住房家庭的比例在上升。不同群体、不同城市规模、不同地区的住房财富存在显著差异。处于不同住房财富分位点上的家庭，其消费、资产配置、创业和劳动供给状况也有显著差异。

4 住房财富与家庭储蓄率[①]

4.1 问题的提出

    家庭金融研究主要围绕消费储蓄决策和投资决策展开。早在东汉时期，王符（约85~约163年）在《潜夫论·浮侈》中就提及"消费"二字。我国居民消费不足的问题由来已久，拉动内需在相当长的时期内被政府部门定为重要工作目标。2002年中央经济工作会议就曾将扩大内需作为首要经济工作任务提出。党的十七大报告也指出，要"加快转变经济发展方式，推动产业结构优化升级"，要"坚持扩大国内需求特别是消费需求的方针，促进经济增长由主要依靠投资、出口拉动向依靠消费、投资、出口协调拉动转变"。2008年，时任央行行长周小川在中国金融论坛上表示，中国消费占GDP比重低，且消费结构不合理，家庭消费比重偏低，促消费、调结构成为保证我国经济增长需要解决的重大问题。此外，2014年的政府工作报告中，李克强总理也提出将消费作为扩大内需的重要着力点、增强内需拉动经济的作用作为重要工作目标。图4-1描述了2000~2020年世界主要国家的家庭部门最终消费支出占GDP的比重。由图4-1可知，一方

[①] 由于农村家庭的住房不是商品房，因此本章所选样本均为城镇家庭，城镇家庭储蓄率与家庭储蓄率在本书中没有区别。

面，随着时间的推移，中国家庭部门的最终消费率呈先下降后略微上升的趋势。另一方面，无论是与主要的发达国家还是同金砖国家相比，中国家庭部门最终消费率都很低。可见，我国居民持续多年的低消费高储蓄生活模式，使经济增长过度依赖投资和出口，扩大居民消费需求已经成为转变经济发展方式的关键。

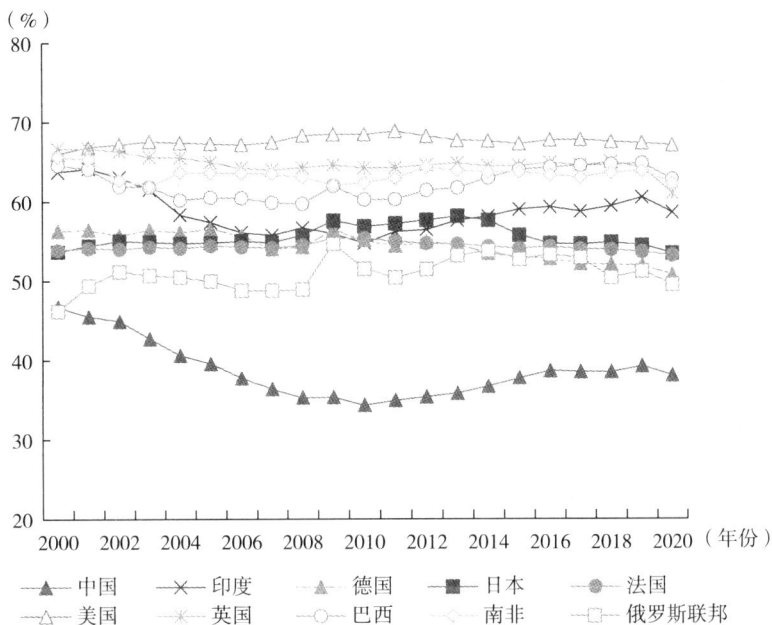

图 4-1 2000~2020 年世界主要国家的家庭部门最终消费支出占 GDP 的比重

资料来源：世界银行数据库。

居民高储蓄率的原因也引发了学界的广泛讨论，具体来说，学者们从以下角度解释了中国家庭高储蓄的原因：经济迅速增长（Carroll et al.，2000；Horioka and Wan，2007；Modigliani and Cao，2004）；预防性储蓄动机（Chamon and Prasad，2010；易行健等，2008），包括缺乏社会保险（刘生龙等，2012）和失业保险（袁志刚、宋铮，2000），面临较高的教育和医疗成本（Chamon and Prasad，2010）；流动性约束（甘犁等，2018）；文化传统（杭斌，2009；程令国、张晔，2011）；上涨的房价（Chamon and Prasad，2010）；性别结构失衡（Banerjee et al.，2010；Wei and Zhang，2011）；人口年龄结构的变化（Modigliani and Cao，

2004），表现为老龄化现象突出（Chamon and Prasad，2010；Modigliani and Cao，2004；袁志刚、宋铮，2000），个人寿命的不确定性（刘生龙等，2012）。在这些解释中，较有代表性的是基于预防性储蓄理论和基于流动性约束假说的解释。由于我国社会保障不健全，经济正处于转轨时期，使居民面临养老、医疗等支出不确定性以及收入不确定性，为了应对未来各种不确定性，必须提高储蓄。此外，我国金融市场不发达，居民面临严重的流动性约束，在收入较少的时期，不能依靠借贷来平滑消费，因此表现为低消费高储蓄。

流动性约束的问题普遍存在于各个国家，在中国也很突出。Hall 和 Mishikin（1982）用美国收入动态面板数据估计出有20%的家庭受到流动性约束。Hubbard 等（1986）用模拟净值约束的方法发现，美国大约19%的家庭受到流动性约束。Mariger（1987）用美国截面数据估计流动性约束家庭占 19.4%。Hayashi（1985a）估计约16%的日本家庭无法足额借贷。程郁等（2009）基于农村调研数据研究表明，我国有34%的农户受到正规信贷约束，有贷款需求的农户受信贷约束的比例高达45%。尹志超等（2015）基于 2011 年中国家庭金融调查数据测算，有 21.6%的家庭受到信贷约束。流动性约束的存在会影响资源的跨期配置，将导致家庭消费偏离最优安排，从而影响家庭最优储蓄。现有文献中，一些研究发现流动性约束会增强预防性储蓄，两者是互相关联的（Carroll，2001），一些研究发现流动性约束与预防性储蓄之间是替代品。Carroll 和 Kimball（2001）经过理论推导，得出流动性约束和预防性储蓄的作用是相似的。Lee 和 Sawada（2010）通过理论推导和实证发现，流动性约束和预防性储蓄是相互作用的，在受到流动性约束的情况下，预防性储蓄动机会更强。Gan（2010）则从实证上区分了流动性约束和预防性储蓄。本章将从流动性约束和预防性储蓄动机两个方面来解释住房财富与家庭储蓄率之间的关系。

本章研究住房财富对城镇家庭储蓄率的影响。首先，研究了住房价值和住房净财富对城镇家庭储蓄率的平均效应。其次，从不同收入水平家庭、不同财富水平家庭、不同城市规模、不同住房属性、不同房屋数量、不同年龄段家庭等展开异质性分析和进一步分析。最后，从缓解流动性约束和降低预防性储蓄动机两个角度探索住房财富影响家庭储蓄率的潜在机制并对主要发现进行了稳健性检验。

4.2 理解住房财富与储蓄率

4.2.1 储蓄率的影响因素

对中国居民储蓄率的影响因素进行全面而系统的研究已经成为学术界和政策制定者共同关心的问题。国外学者从实证和理论两个方面研究了影响储蓄的因素。Sandmo（1970）推导了收入风险、资本风险这两类不同形式的不确定性对家庭储蓄决策的影响。研究发现，自我雇佣的个体如农民和商人，其会储蓄得更多。而 Skinner（1988）却发现，自我雇佣的个体储蓄反而更少。Gentry 和 Hubbard（2004）运用 1983 年和 1989 年 SCF 数据，研究了创业与储蓄率之间的关系，在控制了年龄和其他人口特征变量之后，发现创业家庭的储蓄率更高。Lusardi（2008）研究发现，金融知识在家庭储蓄决策中扮演重要角色。受教育程度低的人群、女性、非裔美国人、西班牙裔人群的金融知识十分匮乏。缺乏基本的金融概念将影响储蓄的能力，导致缺乏退休计划，并且财富匮乏。Chamon 和 Prasad（2010）运用中国城市家庭调查数据（Urban Household Survey，UHS），研究了中国家庭储蓄率上涨的原因。他们发现，与传统的双峰形相反，年龄与储蓄率的关系呈现"U"形，即较年轻和年长的人群有较高的储蓄率。年龄较大的人储蓄率高的原因是，他们面临大额健康支出的风险。他们还发现，拥有住房会导致年轻人较低的储蓄率，但是对老年人的储蓄率却没有影响。

Levhari 和 Srinivasan（1969）从理论上推导了不确定条件下的最优储蓄。Carroll 等（2000）从理论上推导了经济增长与储蓄率的关系。Chen 等（2006）则从全要素生产率（Total Factor Productivity，TFP）的角度解释了日本储蓄率与美国储蓄率之间存在的差异。在标准增长模型的背景下，TFP 的变动会改变家庭储蓄的意愿。在长期，随着日本的 TFP 增长率收敛至稳态，此时与美国的 TFP 增长率一致，储蓄率就会下降。

国内研究中关于影响储蓄率的因素的文献非常丰富。甘犁等（2018）运用

CHFS、CFPS 和 CHIPs 数据，从收入分布和流动性约束相互作用的视角解释了中国家庭高储蓄率的原因。研究发现，高收入家庭的储蓄率反而高于低收入家庭，低收入家庭的边际消费倾向高于高收入家庭。研究还发现，收入差距的扩大和流动性约束的增强会提升家庭总储蓄率。易行健等（2012）、王春超和袁伟（2016）研究了家庭社会网络与农户储蓄行为的关系。胡翠和许召元（2014）运用 1988 年、1995 年、2002 年和 2007 年 CHIPs 数据，研究了人口老龄化对家庭储蓄率的影响。易行健等（2014）还研究了外出务工收入对农户储蓄率的影响。一些学者如何立新等（2008）、高梦滔（2010）、白重恩等（2012）、马光荣和周广肃（2014）研究了养老保险和医疗保险对家庭储蓄率的影响。尹志超和张诚（2019）则研究了已婚女性劳动参与对家庭储蓄率的影响。另外一些学者采用 DID 方法，来研究自然实验对家庭储蓄率的影响，如范子英和刘甲炎（2015）利用 2011 年房产税试点政策作为自然实验，采用 DID 方法，运用 2010 年和 2012 年 CFPS 数据，首先估计了房产税对不同类型住房价格的影响，然后估计房价对试点城市的居民储蓄率的影响。研究发现，低收入群体主要是通过压缩衣着和交通通信支出，来提高其储蓄率水平。程令国和张晔（2011）运用 2002 年 CHIPs 数据，利用 1959～1961 年自然灾害这一自然实验，研究了自然灾害对家庭储蓄行为的长期影响。研究发现，饥荒程度每上升 1 个点，家庭储蓄率提高 23%～26%。

4.2.2 住房财富与家庭储蓄率的关系

一些学者发现住房与储蓄是正向关系。Hoynes 和 Mcfadden（1994）没有用 PSID 中自我报告的住房价值，而是将来自 112 个城市地区的房价数据与 PSID 中的家庭信息匹配，他们发现，实际房价增长率每提高 10 个百分点，总储蓄率将上升 2.28 个百分点。陈斌开和杨汝岱（2013）基于 2002～2007 年城镇住户调查数据，采用土地供给作为住房价格的工具变量，研究了土地供给、住房价格和居民储蓄的关系。研究发现，住房价格上升 1 个百分点，城镇居民储蓄率将上升 0.067 个百分点。进一步分析发现，住房价格上涨主要影响收入水平较低、没有住房或住房面积较小的家庭；同时，住房价格对年轻人和老年人的影响更大。陈彦斌和邱哲圣（2011）、李雪松和黄彦彦（2015）也得出房价上涨推高储蓄率的结论。

一些学者发现住房与储蓄是负向关系。Skinner（1996）研究发现，对于较年轻的自有住房家庭，用微观数据估计，住房财富增加 1 美元，非住房储蓄降低 1~2 分；用宏观数据估计，住房财富增加 1 美元，消费大约增加 6 分。对于户主年龄在 45 岁及以上的家庭，住房增值 1 美元，非住房储蓄降低 2.8 分。赵西亮等（2013）运用 2002 年和 2007 年 CHIPs 数据，研究了房价上涨对城镇居民储蓄率的影响。研究没有发现"为购房而储蓄"的现实动机。进一步分析发现，对于有房家庭，房价上涨会显著降低拥有多套住房的家庭储蓄率，而不会影响仅有一套住房的家庭储蓄率。商品房家庭储蓄率对房价变动的反应更敏感。

另外一些学者却发现住房与储蓄之间没有关系。Klyuev 和 Mills（2007）研究了家庭财富、住房净财富与储蓄率之间的关系。研究发现，净财富与家庭储蓄率之间是负向因果关系，但住房净财富无论是短期还是长期，对家庭储蓄率都没有显著影响。同时，他们还对比了澳大利亚、加拿大、英国的情况，结论依然是稳健的。Wang 和 Wen（2012）采用简单的消费—储蓄模型，分析了上涨的房价不能解释中国家庭高储蓄率的原因。他们运用时间序列数据对模型进行数值模拟发现，在最优的首付结构中，上升的月供成本会增加储蓄率 2~4 个百分点。Hayashi（1986）也发现，上涨的房价不能解释日本家庭的高储蓄率。Hoynes 和 Mc-Fadden（1994）也发现，住房增值与非住房储蓄之间没有因果关系。Juster 等（2006）研究发现，导致家庭储蓄率下降的原因主要是股票等金融资产的财富效应，住房的财富效应很小。

4.3　理论背景和研究假说

以现有文献为基础，我们对住房财富和城镇家庭储蓄率的关系进行探讨。根据生命周期假说和持久收入假说，居民的当期消费取决于当期收入和预期收入，即根据对自己一生中预期的收入来计划消费。

对于自有房屋者来说，房价上涨意味着住房财富增加，从而直接影响人们的消费支出和消费决策（Bostic et al.，2009；黄静和屠梅曾，2009；Case and Quigley，2008；Gan，2010），此时家庭会增加消费，减少储蓄。在不存在遗赠动机和能够自由销售房屋的情况下，住房发挥投资品的属性，住房价格的上涨，将通过使买卖住房的家庭获得投资收益，增加财富积累，进而促进居民进行消费。但有学者如 Calomiris 等（2009）强调，住房更多表现出消费品属性，对于不打算出售房产的居民而言，房产不存在显著的财富效应。Poterba（2000）、Zhu 等（2019）认为家庭存在财富幻觉，即便家庭不会出售所拥有的房屋，房产财富无法兑现，但房价的升高会使得家庭觉得比以前更加富有，对自己的财务状况更加自信，从而会增加消费。Thaler（1990）也提出，住房属于家庭心理账户的资产，家庭存在财富幻觉，存在心理账户效应（mental accounting effect）。据此提出，

假设 1：对于自有房屋家庭，住房财富增加会降低家庭储蓄率。

对于无房和租房者且计划买房的消费群体来说，房价上涨意味着首付款的数量增加，意味着未来为购房或租房的支出将会增加，获得自有住房的障碍更多，将产生沮丧效应（discouragement effect）和意识效应（recognition effect）。面对这一约束，无房和租房者需要在当前为买房而储蓄和当前消费之间进行权衡（Engelhardt，1994），他们需要缩减当期消费，增加储蓄，来保障未来的购房或租房支出，最终实现买房的目标。Li 和 Yao（2007）通过参数模拟发现，当房价上涨时，由于较高的住房成本，租者的福利会受到损失。Sheiner（1995）运用1984 年 PSID 数据进行模拟并实证检验发现，房价上涨对租房家庭的储蓄率有显著正向影响。Attanasio 等（2009）也指出，对于在未来要买房的无房者和租房者，随着房价的上升他们会减少当期的消费。据此提出，

假设 2：对于无房和租房家庭，房价上涨会提高家庭储蓄率。

永久收入假说和生命周期假说都强调消费者基于一生的资源进行消费的跨期配置。当财富增加时，人们预期在未来会较当前更加富裕，因此理性的消费者会减少储蓄。然而大量学者如 Engelhardt（1996b）、Jappelli 等（1998）经过实证检验，发现由于流动性约束的存在，人们的消费行为并不满足生命周期—永久收入假说（LC-PIH）。流动性约束假说认为，由于缺乏消费信贷或者资本市场不完全等原因导致消费者无法通过信贷来进行消费的跨期平滑，从而导致当期消费对于当期收入变化非常敏感。

Zeldes（1989）将流动性约束定义为短期收入遭受冲击的借款者，希望通过金融市场借贷以平滑消费却无法借贷或无法足额借贷的状态。Hayashi（1985b）将流动性约束分为预付贷款约束、借贷数量约束和借贷利率约束。具体表现为向金融机构申请贷款被拒绝或者因担心被拒绝而未申请贷款（Jappelli，1990）。当理性人的消费由于流动性不足偏离了效用最优的消费决策时，则受到了流动性约束。Jappelli 和 Pagano（1989）通过理论推导和数据模拟分析，比较了美国、瑞典、英国、日本、西班牙、意大利、希腊等国家的消费敏感性，研究发现，资本市场越不完善的国家，消费者面临的流动性约束越大，消费对于当期收入的波动更加敏感。Zeldes（1989）通过建立欧拉方程的理论模型，并进行参数估计也发现，流动性约束会显著影响消费。Leland（1968）、Kimball（1990）和 Dynan（1993）对预防性储蓄理论进行了深入研究。李剑和臧旭恒（2015）发现，房价上涨主要是通过预防性储蓄渠道和流动性约束渠道促进中等偏上收入阶层短期消费的增加，对低收入阶层的消费产生挤出效应。李春风等（2014）发现，房价通过预防性储蓄这个传导渠道，对非住房消费产生挤出效应。王策和周博（2016）发现，房价波动产生的涟漪效应使城镇居民的预防性储蓄动机增强。Zhang 和 Wan（2004）基于欧拉方程和1961~1998年的中国数据，从理论和实证上检验了流动性约束和不确定性对家庭消费行为的影响。研究发现，流动性约束和不确定性会导致家庭的低消费高储蓄，两者的相互作用会造成消费水平和消费增长率的下降。流动性约束会影响住房作为投资品或抵押品进行变现的能力，也会影响到消费者是否能够较容易地获得购房所需的资金。当房价上涨时，住房增值，家庭相当于获得了一笔额外财富，家庭的资产负债表发生变化（Engelhardt，1996a）。一方面，住房可作为一种优质的抵押品，来为支出融资。家庭通过抵押住房获得现金流，当期的可自由支配收入增加，缓解流动性约束，从而可以提高当期的消费，减少储蓄。另一方面，住房可以被视为一种保险的形式，扮演着缓冲储备的职能（Benito，2007），通过降低预防性储蓄动机来降低家庭储蓄率。据此提出，

假设3：流动性约束的存在会提高家庭储蓄率，住房增值后，能缓解家庭面临的流动性约束进而降低家庭储蓄率。

假设4：住房作为一种保险和缓冲储备，住房增值后，能降低家庭的预防性储蓄动机进而降低家庭储蓄率。

图 4-2 描述了房价上涨对不同类型家庭的影响机理。接下来本章将一一验证上述四个理论假设。

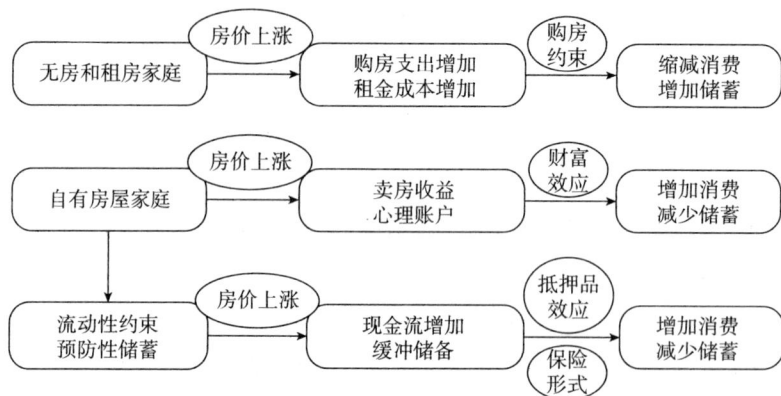

图 4-2　房价上涨对不同类型家庭的影响机理

4.4　变量与模型

4.4.1　变量定义

城镇家庭储蓄率。为重点考察住房财富对城镇家庭储蓄率的影响，本章严格定义了储蓄率变量。储蓄率为（家庭总收入-家庭消费性支出）/家庭总收入。其中，家庭总收入包括工资性收入、财产性收入、生产经营收入以及转移性收入。家庭消费性支出没有包括耐用品、奢侈品等长期性支出。借鉴何立新等（2008）、李雪松和黄彦彦（2015）、赵西亮等（2013）、金烨等（2011）的做法，我们也没有包括教育支出和医疗保健支出。我们将储蓄率上限设置为1，下限设置为-2。

住房财富。住房财富包括住房价值、住房增值和住房净财富。具体的定义见

第 3 章第 3.1 节。

流动性约束。现有文献从信贷约束视角、负储蓄视角、流动性资产不足视角等定义流动性约束。借鉴 Hayashi（1985b）、Zeldes（1989）的做法并有所拓展，从流动性资产不足视角着手，我们定义了两种流动性约束：流动性约束 1，金融资产①小于家庭 2 个月收入；流动性约束 2，流动资产②小于家庭 2 个月收入。

控制变量。参照以往文献，本章的控制变量主要有：第一，家庭特征变量，包括家庭规模、家庭老人数量、家庭小孩数量、家庭总负债、家庭非住房收入、家庭非住房净财富③、家庭参与股票市场、家庭拥有自有车辆；第二，户主特征变量，包括户主年龄、户主女性、户主身体健康、户主身体不好、户主受教育年限、户主已婚、户主有工作、户主风险偏好、户主风险厌恶；第三，宏观经济变量，包括地区人均 GDP 和地区失业率，以衡量各地区经济发展水平。为了考察年龄的非线性影响，我们也控制了年龄的平方项。我们在处理数据过程中，将受教育年限变为连续变量④。在实证部分，我们同样将家庭负债、家庭非住房收入、家庭非住房净财富采用加 1 再取自然对数的方法。表 4-1 给出了变量的描述性统计。

由表 4-1 可知，城镇家庭储蓄率的均值为 27.3%。样本的家庭规模平均为 3~4 人，有 31.7% 的家庭拥有自有车辆，有 14.1% 的家庭参与股票市场，说明家庭参与金融市场的广度依然有限。样本中户主年龄平均约为 55 岁，样本中女性户主占比为 24.2%，有 81.3% 的户主已婚，户主的受教育年限平均约为 10 年，总体受教育程度偏低，大部分户主厌恶风险。

表 4-1　样本描述性统计

	观测值	均值	标准差
被解释变量			
城镇家庭储蓄率	18735	0.273	0.531

---

① 金融资产包括家庭的股票、债券、银行理财产品、黄金、期货、期权、非人民币资产等。
② 流动资产的定义为：现金和活期存款。
③ Engelhardt（1996a）指出，非住房收益的增加也会导致家庭储蓄行为的变化，因此非住房净财富应作为解释变量包括在回归方程中。
④ 没上过学 = 0，小学 = 6，初中 = 9，高中 = 12，中专 = 13，大专 = 15，大学本科 = 16，硕士研究生 = 19，博士研究生 = 22。

续表

	观测值	均值	标准差
关注变量			
住房价值	18735	1109409	1762442
住房增值	18735	815182.9	1515494
住房净财富	18735	1145931	7533062
渠道变量			
流动性约束1	18735	0.355	0.478
流动性约束2	18735	0.545	0.498
家庭特征变量			
家庭规模	18735	3.214	1.438
家庭老人数量	18735	0.549	0.785
家庭小孩数量	18735	0.446	0.688
家庭总负债	18735	65142.74	449645.8
家庭非住房收入①	18735	110385.7	194811.1
家庭非住房净财富	18735	411251.7	1559531
家庭参与股票市场	18735	0.141	0.348
家庭拥有自有车辆	18735	0.317	0.465
户主特征变量			
户主年龄	18735	54.854	14.154
户主女性	18735	0.242	0.428
户主受教育年限	18735	10.346	3.962
户主已婚	18735	0.813	0.390
户主身体状况好	18735	0.509	0.500
户主身体状况不好	18735	0.133	0.339
户主风险偏好	18735	0.099	0.299
户主风险厌恶	18735	0.645	0.478
户主有工作	18735	0.599	0.490
宏观经济变量			
地区失业率	18735	3.246	0.660
地区人均GDP	18735	67787.19	27625.21

---

① 这里的非住房收入指的是家庭总收入扣除与住房相关的收入，如租金、房屋补贴等。

4.4.2　实证模型

为了考察住房财富对城镇家庭储蓄率的影响，本章模型设定如下：

$$Saving\_rate_{it} = \alpha_1 Housing\_wealth_{it} + X_{it}\beta + c_i + \pi_t + \mu_{it} \tag{4-1}$$

其中，$\mu_{it} \sim N(0, \sigma^2)$。$Saving\_rate_{it}$ 代表城镇家庭储蓄率，下标 i 代表不同的家庭，t 代表年份，包括 2015 年和 2017 年。$Housing\_wealth_{it}$ 表示我们的关注变量住房财富，包括住房增值、住房价值和住房净财富。X_{it} 代表控制变量，主要包括家庭特征变量、户主特征变量和宏观经济变量。c_i 代表不随时间变化的个体异质性，π_t 代表时间趋势项。我们预测 $\alpha_1 < 0$，即住房财富会降低城镇家庭储蓄率。

进一步，为了考察住房财富能否通过缓解家庭流动性约束来降低城镇家庭储蓄率，模型设定如下：

$$Saving\_rate_{it} = \delta H\_w_{it} + \gamma lc_{it} + \varphi H_w \times lc_{it} + X_{it}\omega + c_i + \pi_t + \varepsilon_{it} \tag{4-2}$$

其中，$\varepsilon_{it} \sim N(0, \sigma^2)$。$lc_{it}$ 代表家庭流动性约束，我们具体定义了两种流动性约束。$H_w \times lc_{it}$ 代表住房财富与流动性约束的交互项。其余变量含义同上。我们预测 $\varphi < 0$，$\gamma > 0$，即家庭面临流动性约束会提高储蓄率，住房增值后，能缓解流动性约束进而降低城镇家庭储蓄率。

本章的关注变量住房财富可能是内生的，首先是逆向因果。家庭储蓄越多，更有能力购买新的住房，从而住房财富增加。其次是遗漏变量，家庭储蓄率和住房财富可能会同时受到其他因素的影响，如个人偏好习惯、个人贴现率，而这些变量又是不可观测的。具体来说，性格这一因素会同时影响住房增值和家庭储蓄率，比如性格如果乐观的人，会看好未来的房地产市场，从而增持住房资产，而不同性格的人储蓄观念也会有显著差异。最后是测量误差，本章的住房价值是家庭主观估计的，与真实的价值可能存在偏差。Goodman 和 Ittner（1992）发现，自有房屋者会系统性的高估住房价值。因此，本章要处理的一个关键问题是住房财富的内生性。性格这一遗漏变量作为不随时间变化的个体特征之一，也会与家庭特征变量和个体特征变量相关，因此我们选取住房单价作为住房财富的工具变量并运用面板固定效应（FE）方法来解决内生性问题。住房单价为住房价值与住房面积的比值，因而与住房财富满足相关性条件，另外，由于住房单价是主观估值，只能通过影响住房财富来影响家庭储蓄率，因而外生性条件成立。

4.5 住房财富影响家庭储蓄率的主要回归分析

本节考察住房财富和城镇家庭储蓄率之间的关系。表4-2给出了具体的实证回归结果。由表4-2第（1）列可知，住房价值在5%的水平下显著负向影响城镇家庭储蓄率，住房价值越大，城镇家庭储蓄率越低。具体来说，住房价值增加1%，家庭储蓄率下降1.2%。住房增值带来的巨大溢价放松了房贷约束和消费预算约束，从而增加消费，减少储蓄，这与Mian和Sufi（2011）的结论一致，他们认为，房屋的增值会起到部分预防性储蓄的作用，这使得居民可能会减少储蓄。由表4-2第（2）列可知，住房增值在1%的水平上显著负向影响城镇家庭储蓄率，住房增值越多，城镇家庭储蓄率越低。具体来说，住房增值增加1%，家庭储蓄率下降2.0%。可能的解释是，在当前中国的家庭储蓄中，预防性储蓄占有较大比例，而房产由于具有较高的财富凝聚性，因此可以对预防性储蓄起到良好的替代作用，从而降低家庭储蓄（张浩等，2017）。这也与赵西亮等（2013）的结论一致。由表4-2第（3）列可知，住房净财富同样在5%的水平上显著负向影响城镇家庭储蓄率，住房净财富越多，城镇家庭储蓄率越低。具体来说，住房净财富增加1%，家庭储蓄率下降1.2%。

表4-2　住房财富与城镇家庭储蓄率回归结果

被解释变量	城镇家庭储蓄率 （1）	城镇家庭储蓄率 （2）	城镇家庭储蓄率 （3）
关注变量			
住房价值	-0.012** (0.005)	—	—
住房增值	—	-0.020*** (0.007)	—

续表

被解释变量	城镇家庭储蓄率（1）	城镇家庭储蓄率（2）	城镇家庭储蓄率（3）
住房净财富	—	—	−0.012**（0.006）
家庭特征变量			
家庭规模	−0.043***（0.009）	−0.035***（0.010）	−0.039***（0.010）
家庭老人数量	0.025（0.017）	0.029（0.019）	0.021（0.018）
家庭小孩数量	0.032（0.020）	0.027（0.022）	0.030（0.020）
家庭总负债	−0.004***（0.002）	−0.004**（0.002）	−0.004***（0.002）
家庭非住房收入	0.468***（0.009）	0.455***（0.010）	0.466***（0.010）
家庭非住房净财富	−0.019***（0.005）	−0.018***（0.005）	−0.021***（0.005）
家庭参与股票市场	−0.039（0.025）	−0.038（0.026）	−0.028（0.025）
家庭拥有自有车辆	−0.112***（0.021）	−0.111***（0.022）	−0.114***（0.021）
户主特征变量			
户主年龄	0.005（0.005）	0.005（0.005）	0.005（0.005）
户主年龄的平方/100	−0.002（0.004）	−0.003（0.005）	−0.002（0.004）
户主女性	0.029（0.019）	0.017（0.021）	0.031（0.020）
户主受教育年限	−0.000（0.003）	−0.003（0.004）	−0.000（0.003）
户主已婚	−0.005（0.017）	−0.010（0.018）	−0.001（0.017）
户主身体状况好	0.028**（0.014）	0.028*（0.015）	0.030**（0.014）
户主身体状况不好	0.033（0.022）	0.031（0.024）	0.033（0.022）

续表

被解释变量	城镇家庭储蓄率 （1）	城镇家庭储蓄率 （2）	城镇家庭储蓄率 （3）
户主有工作	0.060*** （0.020）	0.060*** （0.021）	0.059*** （0.020）
宏观经济变量			
地区失业率	0.008 （0.044）	0.028 （0.048）	0.003 （0.045）
地区人均 GDP	−0.036 （0.087）	−0.003 （0.094）	−0.030 （0.089）
常数项	−4.276*** （1.046）	−4.445*** （1.123）	−4.280*** （1.061）
个体固定效应	YES	YES	YES
时间固定效应	YES	YES	YES
N	18735	17372	18485

注：*、**、***分别表示在10%、5%、1%水平上显著，括号内为稳健标准差，N 为样本数量。

从其他控制变量来看，家庭非住房收入越多，家庭储蓄率越高，这不仅符合基本的经济理论，也与范子英和刘甲炎（2015）、高梦滔（2010）、易行健等（2012）、王春超和袁伟（2016）、蔡栋梁等（2018）的结论一致。家庭负债越多，需要偿还的贷款和借款会减少家庭的储蓄。家庭规模越大，家庭储蓄率越低，这与万广华等（2003）、易行健等（2012，2014）、赵西亮等（2013）、范子英和刘甲炎（2015）、王春超和袁伟（2016）、蔡栋梁等（2018）的发现一致，可能的原因是，家庭规模大的家庭，日常消费多，因而储蓄少。家庭非住房净财富的增加也会显著降低家庭储蓄率，这与生命周期—持久收入假说相符合（李雪松、黄彦彦，2015）。户主年龄及年龄的平方对储蓄率影响分别为正和负，但均不显著，这一结果与高梦滔（2010）、易行健等（2012）的结果一致。户主身体健康对城镇家庭储蓄率有显著正向影响，这与马光荣和周广肃（2014）的发现一致。

综合表4-2可以看出，住房价值、住房增值和住房净财富等住房财富能够显著降低城镇家庭储蓄率。实证结果证实了假设1，住房财富的财富效应显著。家庭规模越大，家庭储蓄率越低；家庭负债越多，家庭储蓄率越低。家庭非住房净财富的增加也会显著降低家庭储蓄率。家庭拥有自有车辆也会显著降低城镇家庭储蓄率。家庭非住房收入越多，家庭储蓄率越高。从户主特征变量看，户主有工作和户主身体健康对家庭储蓄率有显著正向影响，其余户主特征变量对家庭储蓄率没有显著影响。从宏观经济变量看，地区失业率和地区人均 GDP 对城镇家庭储蓄率没有显著影响。

4.6　住房财富影响家庭储蓄率的差异分析

本节考察不同类型家庭的储蓄率是否存在显著的差异。表 4-3 描述了不同样本下城镇家庭储蓄率的差异。由表 4-3 Panel A 可知，在一二线城市，城镇家庭储蓄率均值为 29.4%，在三四五线城市，城镇家庭储蓄率均值为 23.8%，均值差异检验表明，在不同规模的城市中，城镇家庭储蓄率存在显著差异。由表 4-3 Panel B 可知，以家庭非住房收入的中位数划分，在不同收入水平下，城镇家庭储蓄率存在显著差异。由表 4-3 Panel C 可知，以家庭非住房净财富的中位数划分，在不同财富水平下，城镇家庭储蓄率存在显著差异。综上可知，表 4-3 说明了在不同规模的城市、不同收入水平下以及不同财富水平下，城镇家庭储蓄率存在显著差异，紧接着我们将通过实证分析进一步证实这些基本事实。

表 4-3　城镇家庭储蓄率的异质性

Panel A	三四五线城市	一二线城市	均值差异
城镇家庭储蓄率	0.238 （0.007）	0.294 （0.005）	−0.056***
Panel B	低收入家庭	高收入家庭	均值差异
城镇家庭储蓄率	0.071 （0.006）	0.475 （0.004）	0.404***
Panel C	低财富家庭	高财富家庭	均值差异
城镇家庭储蓄率	0.211 （0.006）	0.334 （0.005）	0.123***

注：***表示在 1%水平上显著。

4.6.1　不同城市规模的差异影响

表4-4报告了住房价值对家庭储蓄率的影响在一二线城市的异质性。由表4-4可知，住房价值与一二线城市的交互项系数为负，且在5%水平下显著。说明住房增值后，对一二线城市家庭储蓄率的影响更大，能显著降低一二线城市家庭储蓄率。

表4-4　住房财富与家庭储蓄率：一二线城市的异质性

被解释变量	家庭储蓄率
关注变量	
住房价值	0.001 （0.003）
住房价值×一二线城市	-0.009** （0.004）
家庭特征变量	Control
个体特征变量	Control
宏观经济变量	Control
个体固定效应	YES
时间固定效应	YES
常数项	-4.120*** （0.801）
N	26177

注：**和***分别表示在5%和1%水平上显著。

4.6.2　不同收入水平的差异影响

表4-5报告了住房价值对家庭储蓄率的影响对低收入家庭的异质性。其中，我们以家庭非住房收入的中位数为划分标准，生成家庭低收入的哑变量。由表4-5可知，住房价值与低收入家庭的交互项系数为负，且在10%水平上显著。说明住房增值后，对低收入家庭储蓄率的影响更大，能显著降低低收入家庭的储蓄率。

表4-5 住房财富与家庭储蓄率：低收入家庭的异质性

被解释变量	家庭储蓄率
关注变量	
住房价值	−0.001
	(0.003)
住房价值×低收入家庭	−0.007*
	(0.004)
低收入家庭	0.050
	(0.051)
家庭特征变量	Control
个体特征变量	Control
宏观经济变量	Control
个体固定效应	YES
时间固定效应	YES
常数项	−4.025***
	(0.802)
N	26177

注：*和***分别表示在10%和1%水平上显著。

4.6.3 不同财富水平的差异影响

表4-6报告了住房价值对家庭储蓄率的影响对低财富家庭的异质性。其中，我们以家庭非住房净财富的中位数为划分标准，生成家庭低财富的哑变量。由表4-6可知，对于非住房净财富较低的家庭，家庭储蓄率更高，住房价值与低财富家庭的交互项系数为负，且在1%水平上显著。说明住房增值后，对低财富家庭储蓄率的影响更大，能显著降低低财富家庭的储蓄率。

表4-6 住房财富与家庭储蓄率：低财富家庭的异质性

被解释变量	家庭储蓄率
关注变量	
住房价值	0.004
	(0.003)

续表

被解释变量	家庭储蓄率
住房价值×低财富家庭	-0.014*** (0.004)
低财富家庭	0.175*** (0.052)
家庭特征变量	Control
个体特征变量	Control
宏观经济变量	Control
个体固定效应	YES
时间固定效应	YES
常数项	-4.146*** (0.802)
N	26177

注：***表示在1%水平上显著。

4.7 住房财富影响家庭储蓄率的进一步分析

本小节将从房屋数量、生命周期效应、卖房行为、住房属性等展开进一步分析。根据 CHFS 数据，在有房家庭中，拥有二套及以上住房的家庭 2013 年、2015 年和 2017 年占比分别为 16.5%、17.43% 和 18.75%。说明近年来，拥有多套房的家庭比例在不断增加。接下来我们进一步研究，房屋数量对城镇家庭储蓄率的影响。表4-7 给出了具体的实证回归结果。由表4-7 可知，房屋数量每增加1%，家庭储蓄率下降 8.8%，可见房屋数量越多，能够显著降低城镇家庭储蓄率。

表 4-7　进一步分析：房屋数量

被解释变量	家庭储蓄率
关注变量	
房屋数量	-0.088^{***}
	(0.024)
家庭特征变量	Control
个体特征变量	Control
宏观经济变量	Control
个体固定效应	YES
时间固定效应	YES
常数项	-4.121^{***}
	(0.801)
N	26132

注：*** 表示在 1%水平上显著。

根据生命周期理论，处于不同年龄段，家庭的储蓄率存在差异。那么，对于不同年龄段的家庭，住房增值对家庭储蓄率的影响是否也存在显著差异？表 4-8 报告了具体的实证回归结果。由表 4-8 可知，住房增值对青年家庭和中年家庭的储蓄率有显著影响，且对青年家庭的储蓄率影响最大，而对老年家庭的储蓄率没有显著影响，这与 Attanasio 等（2009）、Chamon 和 Prasad（2010）的发现一致。可能的原因是，户主年龄较大的家庭不会消费过多的住房财富（Sinai and Souleles，2005），因此住房增值对其储蓄率没有显著影响。

表 4-8　进一步分析：不同年龄段

被解释变量	家庭储蓄率 (16~35 岁)	家庭储蓄率 (35~55 岁)	家庭储蓄率 (55 岁以上)
关注变量			
住房价值	-0.093^{**}	-0.025^{**}	-0.007
	(0.041)	(0.012)	(0.006)
家庭特征变量	Control	Control	Control
个体特征变量	Control	Control	Control
宏观经济变量	Control	Control	Control

续表

被解释变量	家庭储蓄率 （16~35 岁）	家庭储蓄率 （35~55 岁）	家庭储蓄率 （55 岁以上）
个体固定效应	YES	YES	YES
时间固定效应	YES	YES	YES
常数项	-1.835 （3.849）	-2.286 （1.861）	-4.885*** （1.509）
N	1544	7918	9275

注：** 和 *** 分别表示在 5% 和 1% 水平上显著。

首套房一般难以变现，主要表现出居住属性；二套及以上住房则更多表现出投资属性。接下来我们想进一步研究，究竟是住房的居住属性还是投资属性对城镇家庭储蓄率的作用更大？我们分别估计第一套房增值和多套房增值对城镇家庭储蓄率的影响。表4-9给出了具体的回归结果。由表4-9可知，无论是首套房还是多套房家庭，住房增值后均能显著降低城镇家庭储蓄率，说明住房的消费属性和投资属性对降低城镇家庭储蓄率均有重要作用。

表4-9 进一步分析：不同数量房屋增值

被解释变量	城镇家庭储蓄率 （1）	城镇家庭储蓄率 （2）
关注变量		
第一套房价值	-0.017** （0.008）	—
多套房价值	—	-0.018** （0.008）
家庭特征变量	Control	Control
户主特征变量	Control	Control
宏观经济变量	Control	Control
个体固定效应	YES	YES
时间固定效应	YES	YES
常数项	-4.214*** （1.050）	-4.655*** （1.068）
N	18735	18735

注：** 和 *** 分别表示在 5% 和 1% 水平上显著。

　　Calomiris 等（2009）认为，住房并不像股票等金融资产那样仅仅是一种资产，其更多表现出消费品属性，对于不打算出售房产的居民而言，房产不存在显著的财富效应。Engelhardt（1996a）也强调，家庭消费实际资本增值的途径之一就是销售房屋。因此本章接下来考察卖房行为和卖房价值对家庭储蓄率的影响。表 4-10 给出了具体的实证回归结果，由表 4-10 可知，卖房行为和卖房价值均在 1% 的水平上显著负向影响城镇家庭储蓄率。

表 4-10　进一步分析：卖房行为、卖房价值

被解释变量	城镇家庭储蓄率 （1）	城镇家庭储蓄率 （2）
关注变量		
卖房	-0.088^{***} （0.019）	—
卖房价值	—	-0.009^{***} （0.002）
家庭特征变量	Control	Control
户主特征变量	Control	Control
宏观经济变量	Control	Control
省区固定效应	YES	YES
N	13129	13129
R^2	0.354	0.354

注：$***$ 表示在 1% 水平上显著。

　　Attanasio 等（2009）认为，房价上涨对不同类型的家庭会有不同的影响。接下来我们将研究，无房和租房家庭的家庭储蓄率。表 4-11 报告了具体的实证回归结果。由表 4-11 可知，无房和租房均会导致家庭储蓄率上升，实证结果证实了假设 2，可能的原因是，租房的家庭需要为买房积累首付，从而需要低消费来提高储蓄率（Engelhardt，1996b）。此外，伴随着房价的上涨，无房和租房家庭的租金成本也随之上升，因此，当前消费会减少，储蓄率上升，这与 Attanasio 等（2009）的发现一致。也与国内学者发现租房家庭存在"为购房而储蓄"的动机相吻合（陈彦斌、邱哲圣，2011；陈斌开、杨汝岱，2013）。

表 4-11　进一步分析：无房家庭、租房家庭

被解释变量	家庭储蓄率 （1）	家庭储蓄率 （2）
关注变量		
无房	0.048 *** （0.017）	—
租房	—	0.065 *** （0.022）
家庭特征变量	Control	Control
户主特征变量	Control	Control
宏观经济变量	Control	Control
个体固定效应	YES	YES
时间固定效应	YES	YES
常数项	−3.934 *** （0.763）	−3.916 *** （0.763）
N	28542	28542

注：*** 表示在 1% 水平上显著。

4.8　住房财富影响家庭储蓄率的可能渠道

本小节从流动性约束和预防性储蓄动机两个维度探究住房财富影响家庭储蓄率的可能渠道。Browning 和 Lusardi（1996）提出了储蓄的九种动机，包括预防性储蓄动机、生命周期动机、跨期替代动机、创业动机、改善动机、首付动机和遗赠动机等。我国家庭需要考虑养老、医疗、子女教育等方面的问题，信贷市场的不完善、申请贷款的门槛高、消费信贷品种少等，导致家庭不得不瞻前顾后、未雨绸缪，提高储蓄率，以防范不确定性（杭斌、余峰，2018）。流动性约束是家庭不确定性的一种主要表现形式。家庭缺乏流动性资产，且无法通过借贷实现消费或投资时，就会受到流动性约束。流动性约束限制家庭消费、投资，影响家

庭储蓄、金融市场参与、劳动力市场参与等行为（Jappelli and Pagano，1994；Nirei，2006；Lee and Sawada，2010）。Deaton（1991）从理论上推导了储蓄和流动性约束之间的关系。当家庭面临流动性约束时，储蓄会增加。Butelmann 和 Gallego（2001）也发现，流动性约束与储蓄行为之间存在联系。本节首先探究，住房增值后，是否通过缓解家庭面临的流动性约束来降低家庭储蓄率。

Hayashi（1986）没有考虑流动性约束的影响。Wang 和 Wen（2012）将首付比作为借贷约束的度量指标。Zhu 等（2019）将流动性约束定义为较少的总资产，较少的流动性资产，更高的负债收入比，更高的贷款价值比。Zeldes（1989）将流动性约束定义为流动资产小于家庭 2 个月的收入，我们借鉴其做法，将流动性约束 1 定义为金融资产小于家庭 2 个月收入，将流动性约束 2 定义为流动资产小于家庭 2 个月收入。表4-12 给出了具体的实证回归结果。由表4-12 可知，流动性约束会提高家庭储蓄率，无论是第（1）列还是第（2）列，住房价值和流动性约束的交互项都为负，且在 1% 水平上显著，说明住房增值后，通过缓解流动性约束来降低家庭储蓄率。实证结果证实了假设 3。

表4-12　机制：缓解流动性约束

被解释变量	家庭储蓄率 （1）	家庭储蓄率 （2）
住房价值	0.002 （0.003）	0.003 （0.003）
流动性约束 1	0.199 *** （0.048）	—
住房价值×流动性约束 1	−0.014 *** （0.004）	—
流动性约束 2	—	0.193 *** （0.047）
住房价值×流动性约束 2	—	−0.012 *** （0.004）
家庭特征变量	Control	Control
个体特征变量	Control	Control
宏观经济变量	Control	Control
个体固定效应	YES	YES

续表

被解释变量	家庭储蓄率 （1）	家庭储蓄率 （2）
时间固定效应	YES	YES
常数项	-4.170^{***} （0.801）	-4.232^{***} （0.801）
N	26177	26177

注：$***$ 表示在1%水平上显著。

Horioka 和 Watanabe（1997）认为，预防性储蓄动机来源于对未来收入或支出的不确定性，具体包括收入波动、失业、疾病、意外事故、自然灾害和长寿风险等。Carroll（1997）认为，家庭储蓄行为并不满足传统的 LC-PIH 假说，而更应被描述为 "buffer stock"。房屋可视为保险的一种形式（Skinner，1996）。根据 Gan（2010），年轻家庭的行为更像 "buffer stock" saver，如果预防性储蓄动机的减少导致家庭储蓄率下降，则住房增值对家庭储蓄率的影响在年轻家庭这个子样本的效应更大。我们借鉴 Gan（2010）、Campbell 和 Cocco（2007）、Gourinchas 和 Parker（2002）的做法，以 40 岁作为标准将样本划分成两个子样本，表 4-13 给出了具体的实证回归结果。由表 4-13 可知，住房增值对家庭储蓄率的影响的确在年轻家庭这个子样本的效应更大，实证结果证实了假设 4，住房价值通过降低家庭面临的预防性储蓄动机进而降低家庭储蓄率。

表 4-13　机制：降低预防性储蓄动机

被解释变量	家庭储蓄率 （40 岁以下）	家庭储蓄率 （40 岁以上）
	关注变量	
住房价值	-0.082^{***} （0.029）	-0.008 （0.006）
家庭特征变量	Control	Control
户主特征变量	Control	Control
宏观经济变量	Control	Control
个体固定效应	YES	YES
时间固定效应	YES	YES

被解释变量	家庭储蓄率 （40 岁以下）	家庭储蓄率 （40 岁以上）
常数项	−4.661*** （2.693）	−4.093*** （1.153）
N	2881	15856

注：***表示在 1%水平上显著。

4.9 住房财富影响家庭储蓄率的稳健性分析

4.9.1 稳健性检验一：住房财富上下 1%缩尾

本节对住房财富与家庭储蓄率之间的关系进行稳健性检验。Engelhardt（1996a）认为，储蓄和财富的分布是存在偏度的，许多家庭拥有很低水平的财富和很低甚至为零的储蓄率，而高财富家庭却有大量的储蓄。国内学者甘犁等（2018）也得出了同样的结论。因此，为了避免连续变量极端值和异常值对回归结果造成影响，我们将关注变量住房价值进行上下 1%缩尾处理，具体的实证结果如表 4-14 所示。表 4-14 的回归结果与表 4-2 第（1）列基本一致，说明我们的结论是稳健的，住房价值会显著降低城镇家庭储蓄率。

表 4-14 稳健性检验：住房价值上下 1%缩尾

被解释变量	城镇家庭储蓄率
关注变量	
住房价值	−0.012** （0.005）
家庭特征变量	Control
户主特征变量	Control

续表

被解释变量	城镇家庭储蓄率
宏观经济变量	Control
个体固定效应	YES
时间固定效应	YES
常数项	−4.267 *** (1.046)
N	18735

注：** 和 *** 分别表示在5%和1%水平上显著。

4.9.2 稳健性检验二：Tobit 模型

由于我们将家庭储蓄率限定在−2~1 的范围内，被解释变量的取值范围受到限制。对于受限被解释变量，我们采取 Tobit 模型来检验实证结果的稳健性。由表4-15可知，住房价值依然显著降低城镇家庭储蓄率。

表 4-15　稳健性检验：Tobit 模型

被解释变量	城镇家庭储蓄率
关注变量	
住房价值	−0.013 *** (0.001)
家庭特征变量	Control
户主特征变量	Control
宏观经济变量	Control
常数项	−3.322 *** (0.101)
N	26177

注：*** 表示在1%水平上显著。

4.9.3 稳健性检验三：重新定义储蓄率

一些文献（Chamon and Prasad，2010；Chen et al.，2007；甘犁等，2018；

程令国、张晔，2011；Wei and Zhang，2011；陈斌开、杨汝岱，2013）将家庭储蓄率定义为 log（家庭总收入/家庭消费性支出），我们借鉴其做法，以检验实证结果的稳健性。具体实证结果如表 4-16 所示。由表 4-16 可知，住房价值在 5% 的水平上显著降低城镇家庭储蓄率，且回归系数与表 4-2 相比，更进一步说明我们的结果是稳健的。

表 4-16　稳健性检验：城镇家庭储蓄率的不同度量

被解释变量	城镇家庭储蓄率
关注变量	
住房价值	-0.006^{**} （0.003）
家庭特征变量	Control
户主特征变量	Control
宏观经济变量	Control
个体固定效应	YES
时间固定效应	YES
常数项	-3.748^{***} （1.124）
N	20875

注：$**$ 和 $***$ 分别表示在 5% 和 1% 水平上显著。

4.9.4　稳健性检验四：排除月供的影响

CHFS 微观调查数据显示，有房贷家庭相对无房贷家庭来说，其消费占收入比重更高，因此可能低估其储蓄。为了更加准确地识别住房财富和家庭储蓄率之间的关系，我们将月供从储蓄中扣除。具体的实证结果如表 4-17 所示。由表 4-17 可知，我们的结论依然是稳健的，住房价值增加 1%，家庭储蓄率下降 1.4%。

表 4-17 稳健性检验：排除月供的影响

被解释变量	家庭储蓄率
关注变量	
住房价值	−0.014＊＊
	（0.005）
家庭特征变量	Control
户主特征变量	Control
宏观经济变量	Control
个体固定效应	YES
时间固定效应	YES
常数项	−4.434＊＊＊
	（1.060）
N	18690

注：＊＊和＊＊＊分别表示在5%和1%水平上显著。

4.10 本章小结

中国城镇家庭不断增长的住房财富是否能够降低家庭储蓄率？基于2015年和2017年中国家庭金融调查数据，选取工具变量，并运用面板固定效应估计方法，本章实证分析了住房财富对城镇家庭储蓄率的影响。

本章的研究结论主要有：第一，住房财富和城镇家庭储蓄率之间存在负向因果关系。住房增值增加1.0%，城镇家庭储蓄率将下降2.0%。住房价值增加1.0%，城镇家庭储蓄率将下降1.2%；住房净财富增加1%，城镇家庭储蓄率将下降1.2%。第二，住房价值对家庭储蓄率在年轻家庭和中年家庭有显著影响，在老年家庭影响不显著。无房和租房家庭会提高家庭的储蓄率。第三，住房价值对一二线城市、低收入家庭和低财富家庭的储蓄率有更大的影响。第四，房屋数量对城镇家庭储蓄率也有显著负向影响，卖房行为和卖房价值均会显著降低城镇家庭储蓄率，住房的居住功能和投资功能均能显著降低城镇家庭储蓄率。第五，住房价值主要通过缓解家庭面临的流动性约束和降低家庭的预防性储蓄动机进而降低家庭储蓄率。

从家庭特征变量看，家庭规模越大，家庭储蓄率越低；家庭负债越多，家庭储蓄率越低。家庭非住房净财富的增加也会显著降低家庭储蓄率。家庭拥有自有车辆也会显著降低城镇家庭储蓄率。家庭非住房收入越多，家庭储蓄率越高。从户主特征变量看，户主有工作和户主身体健康对家庭储蓄率有显著正向影响，其余户主特征变量对家庭储蓄率没有显著影响。从宏观经济变量看，地区失业率和地区人均 GDP 对城镇家庭储蓄率没有显著影响。

5　住房财富与家庭资产选择

5.1　有限的金融市场参与

　　稀缺性是经济和金融资源的共同特征，金融学研究的核心问题是对现有金融资源或财富进行最优配置。经济人在任何时期都会面临两个经济决策问题，一是在消费和储蓄之间如何分配资源，二是风险资产的配置问题。由此，研究家庭金融资产配置问题就成为金融学所关心的基本命题。党的十七大报告中第一次提出"创造条件让更多群众拥有财产性收入"之后，党的十八大报告再次强调要"多渠道增加居民财产性收入"。党的十九大指出了现阶段我国社会的主要矛盾，如何更好地满足人们对美好生活日益增长的需要，解决不平衡、不充分发展的问题，成为政策制定者和学者的努力方向。如何促进居民财产性收入水平的提高，使居民金融资产选择更加多样化成为重要选项之一。优化家庭资产配置，提高家庭资产收益水平是提高人民收入和改善家庭福利水平的重要途径。基于家庭财富风险、资产配置行为等的研究，有利于引导家庭进行最优的财富配置，同时促进金融市场改革，提高整个国民经济运行的质量。然而，从微观的角度来看，尽管家庭中的金融资产配置越来越倾向于风险资产，但是家庭的资产配置仍以储蓄为主导，风险资产处于较低水平，正如 Guiso 等（2002）、Campbell（2006）、Cardak 和 Wilkins（2009）指出，许多家庭没有股票或公司债券这样的高风险金融资产，而在有股票的家庭中，许多家庭只持有一种或很少数量的股票，而不是多元化的投资组合。Shum 和 Faig（2006）也发现了一个关于投资组合选择的规范理论的谜题，即有大量家庭没有直接或通过退休账户以外的共同基金持有任何种类的股票。与发达国家比较，中国家庭的资产结构不完善，根据 2016 年西南财经大学中国家庭金融调查与研究中心和小牛资本联合发布的《中国家庭金融资产配置风险报告》，中国家庭的现金及储蓄类资产占比超过 50%，存款仍然是中国家庭最主要的金融资产，其次是社保、股票、借出款和金融理财产品，而基金、衍生品、债券和其他金融资产等则占比很小。图 5-1 描述了世界主要国家家庭金融资产的配置比例。由图 5-1 可知，中国家庭金融资产配置比例很低，中国家庭金融资产配置多样化不足。

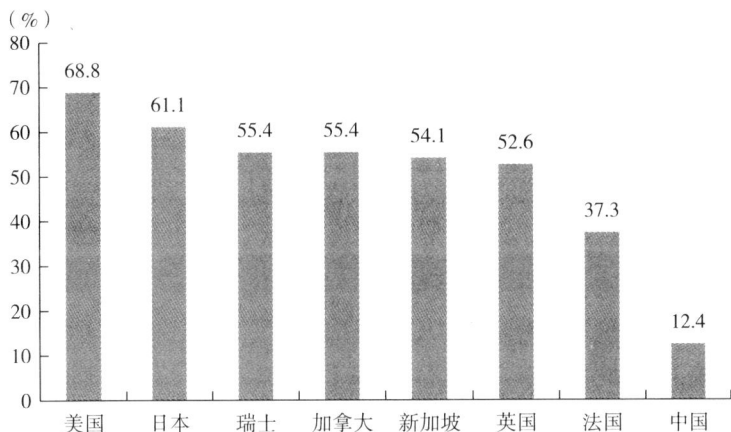

图 5-1　世界主要国家家庭金融资产配置比例

资料来源：2015 年中国家庭金融调查和 2015 年瑞信《全球财富报告》。

中国的金融市场发展迅猛。上市公司的数量从 1990 年的 10 家上升为 2019 年底的 3777 家，总市值由 1992 年的 1048 亿元上升为 2019 年的 592934.57 亿元，2019 年，股票、债券、期货和证券投资基金的成交金额分别为 1274158.80 亿元、2473724 亿元、2905739.10 亿元和 91679.38 亿元①。与此同时，住房是家庭财富

---

①　数据来源：《中国统计年鉴》。

的主要来源，根据中国人民银行的最新报告，房产占家庭总资产的比重为59.1%。《中国家庭财富调查报告（2019）》显示，城镇居民家庭房产净值占家庭人均财富的71.35%，农村居民家庭房产净值的占比为52.28%。在此背景下，本章探究，不断增长的住房财富和家庭资产选择之间是否有因果关系？

本章考察住房财富对家庭资产选择的影响。首先，研究了住房价值和住房净财富对城镇家庭股市参与和金融市场参与的影响。其次，从不同年龄段、人力资本水平高低、是否有工作、不同城市规模、不同地域等展开异质性分析。再次，考察了住房财富对家庭股票资产占比和风险资产占比的影响，并从不同房屋数量、不同住房属性和卖房行为展开进一步分析。最后，从投资组合多样化需求的视角探索住房财富影响家庭金融市场参与广度和深度的潜在机制并对主要发现进行了稳健性检验。

5.2　理解住房财富与家庭资产选择

家庭股市参与问题是经济学研究的重要命题（伍再华等，2017）。家庭金融资产投资所获得的利息和红利收入是中国居民财产性收入的重要来源。一方面，家庭金融投资不仅有利于增加家庭财产性收入；另一方面，增加家庭资产投资比例有利于将储蓄转化为投资（尹志超等，2015）。在经济增长和国民收入普遍提高的大背景下，家庭收入的财富配置行为显得愈加重要，研究中国家庭资产选择行为的影响因素具有很强的现实指导意义（段军山、崔蒙雪，2016）。

5.2.1　资产选择的影响因素

实证分析已经证实，不同家庭之间投资组合的配置差异很大，从大多数不持有股票的家庭到相当多的几乎完全持有股票的家庭不等（Heaton and Lucas，2000）。家庭金融领域的研究表明，某些家庭的财务决策要好于其他家庭，例如，具有各种背景风险如自营业务收入（Heaton and Lucas，2000）或劳动收入风险（Cardak and Wilkins，2009）的家庭拥有的风险资产比例将相对较小，相比之下，身体健康（Rosen and Wu，2004）、高学历（Cardak and Wilkins，2009）户主，寻求过财务建议的家庭（Shum and Faig，2006）持有风险资产的比例更高。在一系列文献中已经发现了不同年龄段的非单调关系（Bertaut，1998）或驼峰状的年龄效应（Shum and Faig，2006）。诸如社会互动（Hong et al.，2004）、金融素养（Rooij et al.，2011）、风险偏好（Barasinska et al.，2012）、生物学基础（Cronqvist and Siegel，2014）和人力资本（Cocco et al.，2005）等其他因素也可能对家庭的投资组合选择产生直接影响。

5.2.2 住房财富与家庭资产选择的关系

金融资产包括现金、存款等无风险资产和股票、债券、期货等风险资产。固定资产以住房资产为主。就资产的流动性而言，以股票、基金为主的金融资产明显强于住房资产，这一特点在中国尤为突出，主要是中国人受"安土重迁"传统观念的影响，除非遭遇重大经济变故或者家庭置换新房产的需求，否则几乎不会将房产进行市场交易，住房的遗赠动机强，导致房产的流动性较差。因此住房资产的财富效应可能弱于金融资产。另外，就资产的价格而言，房产价格的波动性远远低于金融资产的价格波动，对未来的价格走势都有较为明晰的预期，因此地产财富更加稳定，而金融资产具有较强的不确定性，市场上不可控因素太多，因此金融资产的财富效应可能弱于住房资产。

无论是理论层面还是实证层面，关于研究住房与投资组合选择的文献都蓬勃发展。由于住房流动性不足，这会增加家庭的风险敞口，许多模型预测，住房往往会减少对风险资产的需求，并且住房投资会导致投资组合缺乏效率和扭曲（Grossman and Laroque，1990；Brueckner，1997；Flavin and Yamashita，2002）。Brueckner（1997）在推导两者之间的关系时，就施加了自有住房者的住房投资至少与住房消费一样大的条件。推导结果表明，当约束具有约束力时，自有房屋者的最优投资组合在均值方差意义上是无效的。但是，值得注意的是，他们在求解一般均衡模型时还没有取得成功，仅进行了局部均衡分析，此外，为耐用品设定了生产函数，因此价格过程是内生的。而且，与多种类型的消费品相关的问题不容忽视，需要解决。Cocco（2005）解释了为什么通过求解最佳投资组合模型，杠杆和持有股票往往呈正相关。与此同时，这些理论预测很自然地引出了一些对住房财富在家庭投资组合分配中的作用进行实证评估的文献。住房财富的作用归纳起来包括替代效应或挤出效应（Fratantoni，1998；Hochguertel and Soest，2001；Yamashita，2003；Yao and Zhang，2005；Zhou et al.，2017）、双重效应（Zhao and Li，2017；Shi et al.，2018）、财富效应和抵押品效应（Chetty et al.，2017；Chen and Ji，2017；He et al.，2019）。具体来说，Fratantoni（1998）运用1989年消费者金融调查数据，实证回归发现，对于自有房屋者来说，会减少风险资产持有。Vestman（2019）通过模拟、校准并运用双重差分方法发现，挤出效应并不存在，自有房屋者的股市参与率是租房者的两倍。Yao 和 Zhang（2005）强调，房屋所有权对投资者的投资组合决策具有显著的影响。通过模拟分析以及运用PSID数据进行实证分析发现，租房者和自有房屋者的投资组合决定因素不同。Chetty 等（2017）运用SIPP数据研究发现，当保持住房净值不变的情况下，住房价值的增加会降低家庭持有股票的比例；当保持住房价值不变的情况下，住房净值的增加会增加家庭持有股票的比例。导致相反结果的主要原因在于，住房净值和按揭负债的作用不同。Chen 和 Ji（2017）运用2011年和2013年中国家庭金融调查数据，研究了房价对股市参与概率和参与深度的影响。研究发现，未控制财富效应时，房价每增加1000元/平方米，股市参与的概率就会提高5.4%。当控制财富效应时，股市参与的概率仍然会提高2.84%。Zhao 和 Li（2017）基于中国家庭金融调查数据，则发现了住房对家庭资产选择具有双重效应。住房升值对家庭股票投资具有积极促进作用，而住房资产与总资产之比越高，则对风险金融资产投资产生挤出效应。Shi 等（2018）研究了住房净财富增加对家庭风险金融资产配置比例的影响。通过运用土地供应量和住房供给弹性这两个工具变量以解决住房净财富内生性的问题。研究同样发现，住房净财富的增加会提高家庭风险金融资产的占比，但是住房资产与总资产之比越高，则对风险金融资产配置产生挤出效应。He 等（2019）则进一步发现了对于拥有多套住房的家庭和位于一二线城市的家庭，住房净值对家庭股市参与广度和深度的影响更大。

总而言之，就住房在家庭资产组合中的作用没有达到共识。一些研究仅仅研究了房价对家庭资产配置的影响。房价只能精确到一个城市或一个县。房屋面积是确定房屋消费价值的重要维度（Fang et al.，2016）。住房价值是住房单价与住房面积的乘积，可以更加准确地衡量微观家庭的住房财富。此外，住房财富对整体投资组合选择的影响等问题尚待研究。另外，以前使用微观房产数据的文献在测量方法和识别上也存在问题。总之，住房财富对家庭金融资产市场参与广度和深度的影响尚未得到充分评估，其机制分析也不清楚。与以往的文献不同，我们试图从多元化的角度重新解释住房财富与投资组合选择之间的关系。

5.3　变量与模型

5.3.1　变量定义

家庭金融市场参与。在 CHFS 调查中，将金融资产分为以下 12 种：现金、活期存款、定期存款、民间借出款、股票、债券、基金、衍生品、黄金、金融理财产品、非人民币资产以及其他金融资产，如股票账户现金余额、养老保险及医疗保险账户余额等。其中，非正规金融市场的风险资产主要指民间借出款。正规金融市场的风险资产主要包括股票、金融债券、企业债券、基金、金融衍生品、金融理财品、外汇、黄金等。借鉴现有文献的做法，若家庭拥有正规金融市场的风险资产，则家庭参与金融市场。若家庭拥有股票，则家庭参与股票市场。家庭金融资产包括上述的风险资产和无风险资产。本章将风险资产占比定义为正规金融市场风险资产占金融资产的比重，将股票资产占比定义为股票资产占金融资产的比重。

住房财富。住房财富包括住房价值和住房净财富。具体的定义见第 3 章第 3.1 节。

控制变量。参照资产配置的理论和实证文献，本章的控制变量主要有：第一，家庭特征变量，包括家庭规模、家庭老人数量、家庭小孩数量、家庭住房负债、家庭非住房负债、家庭收入①、家庭净财富②、家庭拥有自有车辆。第二，户主特征变量，包括户主身体健康、户主身体不好、户主受教育年限、户主已婚、户主有工作、户主风险偏好、户主风险厌恶。本章在处理数据过程中，将受教育年限变为连续变量③。在实证部分，同样将家庭住房负债、家庭非住房负债、家庭收入、家庭净财富采用加1再取自然对数的方法。

为了考察住房与家庭金融市场参与之间的因果关系，本章仅针对已经拥有住房的家庭。由此，我们消除了租房者和自有住房者在住房消费角色上的差异。此外，我们将样本限定在2015年没有参与股票市场和金融市场的家庭，研究住房财富的变化是否提高这部分家庭参与金融市场的概率，是否影响这部分家庭的金融资产配置决策。经过数据清洗后，2015年和2017年的城镇有房追踪样本为13893户。加上在2015年没有参与金融市场的条件后，样本量为10589户。表5-1给出了变量的描述性统计。

由表5-1可知，对于2015年没有参与股票市场的家庭，在2017年，有3.71%的家庭参与了股票市场。对于2015年没有参与金融市场的家庭，在2017年，有10.13%的家庭参与了金融市场。从2015年到2017年，住房财富急剧增加，住房价值的均值分别为615911.8元和832959元，住房净财富的均值分别为594576.3元和804020.7元。此外，资产种类也在增多。2015年和2017年，家庭规模、家庭老人数量和家庭小孩数量都比较接近。2015年，家庭住房负债、家庭非住房负债、家庭收入和家庭净财富的均值分别为21335.45元、22249.05元、62657.33元和271059.3元。2017年，家庭住房负债、家庭非住房负债、家庭收入和家庭净财富的均值分别为28938.3元、21791.38元、73152.09元和178218.9元。2015~2017年，家庭平均住房债务大幅增加，但平均住房债务与平均住房价值的比率仍然非常低，仅为3.5%。在2015年，22.04%的家庭拥有自有车辆，到2017年，这一比例已经上升到25.72%。样本中户主的平均受教育年限约为9年，大约57%的户主有工作。2015~2017年，户主已婚的概率从

---

① 本章所控制的家庭总收入没有包括与金融市场和住房相关的收入，如投资收入、租金等。
② 本章所控制的家庭净财富没有包括与金融市场和住房相关的净财富。
③ 没上过学=0，小学=6，初中=9，高中=12，中专=13，大专=15，大学本科=16，硕士研究生=19，博士研究生=22。

78.31%上升为86.21%。

表5-1　分年描述性统计

	2015 年		2017 年	
	均值	标准差	均值	标准差
被解释变量				
家庭新增股票市场参与	—	—	0.0371	0.1891
家庭新增金融市场参与	—	—	0.1013	0.3018
股票资产占比	0.0309	0.1199	0.0250	0.1066
风险资产占比	0.0832	0.2083	0.0808	0.2047
关注变量				
住房价值	615911.8	1104541	832959	1501458
住房净财富	594576.3	1098383	804020.7	1441180
资产种类数量	1.9978	0.8586	2.2447	0.9226
家庭特征变量				
家庭规模	3.3345	1.5448	3.2043	1.5191
家庭老人数量	0.5419	0.7769	0.6168	0.8052
家庭小孩数量	0.4754	0.7147	0.4513	0.7252
家庭住房负债	21335.45	90977.37	28938.3	203758.5
家庭非住房负债	22249.05	514743.3	21791.38	191712.8
家庭收入	62657.33	114440	73152.09	155793.8
家庭净财富	271059.3	9812762	178218.9	907377.4
家庭拥有自有车辆	0.2204	0.4145	0.2572	0.4371
户主特征变量				
户主受教育年限	9.2427	3.8523	9.3315	3.6934
户主已婚	0.7831	0.4122	0.8621	0.3448
户主身体健康	0.4405	0.4965	0.4713	0.4992
户主身体不好	0.1593	0.3660	0.1759	0.3808
户主风险偏好	0.0584	0.2344	0.0898	0.2859
户主风险厌恶	0.7088	0.4543	0.6002	0.4899
户主有工作	0.5674	0.4955	0.5739	0.4945

5.3.2 实证模型

为了考察住房财富对城镇家庭新增金融市场参与的影响，本章模型设定如式（5-1）所示：

$$Risky\_asset\_participation_{it} = \alpha_1 Housing\_wealth_{it} + X_{it}\beta + c_i + \pi_t + \mu_{it} \qquad (5-1)$$

其中，$\mu_{it} \sim N(0, \sigma^2)$。$Risky\_asset\_participation_{it}$ 代表城镇家庭新增金融市场参与的比例，当家庭持有至少一种风险金融资产时，取值为 1。下标 i 代表不同的家庭，t 代表年份，包括 2015 年和 2017 年。当研究股票市场参与时，被解释变量取值为 1 表示家庭持有股票资产。$Housing\_wealth_{it}$ 代表本章的关注变量住房财富，包括住房价值和住房净财富。X_{it} 代表控制变量，主要包括家庭特征变量、户主特征变量。c_i 代表不随时间变化的个体异质性，π_t 代表时间趋势项。

为了研究住房财富对家庭资产配置比例的影响，考虑到一些家庭没有持有风险金融资产，则在 0 处有大量的角点解，因此采用 Tobit 模型。具体地，本章模型设定如式（5-2）所示：

$$Risky\_asset\_share^*_{it} = \gamma_1 Housing\_wealth_{it} + X_{it}\delta + \pi_t + \mu_{it}$$

$$Risky\_asset\_share_{it} = \max(0, Risky\_asset\_share^*_{it}) \qquad (5-2)$$

其中，被解释变量是风险金融资产和股票资产占金融资产的比重。$Housing\_wealth_{it}$ 代表本章的关注变量住房财富，包括住房价值和住房净财富。X_{it} 代表控制变量，主要包括家庭特征变量、户主特征变量。π_t 代表时间趋势项。

为了考察住房财富影响家庭资产选择的作用机制，这里借鉴胡金焱和张博（2014）的做法，模型设定如式（5-3）所示：

$$Asset\_types_{it} = \alpha_2 Housing\_wealth_{it} + X_{it}\beta + c_i + \pi_t + \mu_{it} \qquad (5-3)$$

其中，被解释变量是家庭持有的金融资产种类和风险性金融资产种类。$Housing\_wealth_{it}$ 代表本章的关注变量住房财富，包括住房价值和住房净财富。X_{it} 代表控制变量，主要包括家庭特征变量、户主特征变量。c_i 代表不随时间变化的个体异质性，π_t 代表时间趋势项。

本章的关注变量住房财富同样可能是内生的。其内生性主要来源于测量误差。尽管微观调查数据质量总体较好，但是仍有一些缺点。住房价值是家庭主观估计的，可能与真实价值有所出入，存在不准确性。此外，Goodman 和 Ittner

（1992）发现，自有房屋者会系统性地高估住房价值。高估程度可能与一些遗漏变量如财务意识和能力相关。由于遗漏变量可能随时间变化，因此住房价值这一变量可能是内生的。为了解决内生性问题，我们采用工具变量回归。在调查中，我们拥有家庭住房所在社区的相关信息，借鉴尹志超和张诚（2019）的思路，我们选取同一社区其他家庭住房价值的平均值作为 IV。一方面，这一工具变量满足相关性条件；另一方面，同一社区其他家庭住房价值的平均值不会直接影响该家庭的资产选择决策，与遗漏变量（扰动项）没有直接的关系，满足外生性和正交性条件[①]。在公司金融领域，Dass 和 Massa（2011）也采用类似的方法构造 IV。另外，反向因果问题也可能导致内生性。投资于金融市场的家庭，赚取收入后有能力购买更大的房子，因而住房财富会增加。以调查年份为例，2016 年参与金融市场的家庭，在 2017 年有能力购买更大的住房。为了解决反向因果的问题，我们在后文的实证分析中排除 2015~2017 年购买房屋的任何家庭。

5.4　住房财富影响家庭资产选择的基本回归分析

表 5-2 报告了住房财富影响家庭参与股票市场和金融市场决策的基准结果。第（1）列汇报了住房财富对家庭股市参与的固定效应估计结果。由表 5-2 第（1）列可知，住房价值对家庭股市参与有显著的正向影响，且系数在 1% 的水平上显著，家庭住房价值每增加 1%，家庭股市参与的概率提高 0.74%。这与 Zhao 和 Li（2017）、He 等（2019）的发现一致。第（2）列汇报了住房财富对家庭金融市场参与的固定效应估计结果。由表 5-2 第（2）列可知，住房价值对家庭金融市场参与也有显著的正向影响，且系数在 1% 的水平上显著，家庭住房价值每增加 1%，家庭金融市场参与的概率提高 1.43%。

---

① 以往的研究（比如 Saiz, 2010；Mian and Sufi, 2014）使用住房供给弹性作为房屋净值的工具变量。Chetty 等（2017）使用省级平均住房价格与城市住房供给弹性的乘积作为房屋净值的工具变量。在中国背景下，Shi 等（2018）和 He 等（2019）也采用该工具变量解决内生性问题。尽管较早的研究表明，Saiz（2010）的测度是房价的有力预测指标，但该工具变量是城市层面的敞口，无法准确反映家庭层面的住房财富升值。

表5-2第（3）列和第（4）列分别报告了住房净财富对家庭股票市场参与和金融市场参与的影响。在这两列回归中，住房净财富的系数都显著为正。具体来说，住房净财富每增加1%，家庭股票市场参与和金融市场参与的概率分别提高0.59%和1.22%。由于相对较低的债务水平，住房价值和住房净财富的系数相似。住房财富与家庭金融市场参与之间的正向关系表明，对于中国家庭来说，相比挤出效应，住房的财富效应占据主导地位。

关于其他控制变量，以表5-2第（4）列为例，家庭规模、家庭收入和家庭净财富对家庭参与金融市场均有显著的正向影响，这与 Love（2010）、Yao 和 Zhang（2005）的结论一致。然而，家庭老人数量对家庭参与金融市场的影响为负，且在统计意义和经济意义上均是显著的，这可能是由于老年人的保守观念。我们也发现，家庭住房负债和家庭非住房负债对家庭参与金融市场投资均有显著的正向影响。拥有自有车辆可能代表另一种财富效应，不需要为买车或者其他交通工具而储蓄，因而有更多闲置资金投入金融市场，因为两者也是正相关关系。另外，户主受教育年限与家庭金融市场投资也是正相关关系，Bertaut（1998）、Cardak 和 Wilkins（2009）发现，受教育水平越高，越能降低投资者的信息成本，提高金融意识。户主有工作的家庭更有可能参与金融市场，相反，户主已婚的家庭参与金融市场的概率越小。其余控制变量对家庭金融市场参与则没有显著影响。

表5-2 住房财富与家庭股票和金融市场参与

被解释变量	股票市场参与（FE）(1)	金融市场参与（FE）(2)	股票市场参与（FE）(3)	金融市场参与（FE）(4)
关注变量				
住房价值	0.0074 *** (0.0014)	0.0143 *** (0.0023)	—	—
住房净财富	—	—	0.0059 *** (0.0012)	0.0122 *** (0.0020)
家庭特征变量				
家庭规模	0.0036 * (0.0020)	0.0099 *** (0.0032)	0: 0037 * (0.0020)	0.0100 *** (0.0032)

续表

被解释变量	股票市场参与（FE） （1）	金融市场参与（FE） （2）	股票市场参与（FE） （3）	金融市场参与（FE） （4）
家庭老人数量	−0.0035 （0.0037）	−0.0142** （0.0061）	−0.0035 （0.0037）	−0.0143** （0.0061）
家庭小孩数量	−0.0021 （0.0041）	−0.0026 （0.0069）	−0.0021 （0.0041）	−0.0026 （0.0069）
家庭收入	0.0047*** （0.0016）	0.0087*** （0.0027）	0.0047*** （0.0016）	0.0087*** （0.0027）
家庭净财富	0.0053*** （0.0012）	0.0117*** （0.0020）	0.0055*** （0.0012）	0.0119*** （0.0020）
家庭住房负债	−0.0018 （0.0017）	0.0031 （0.0030）	−0.0001 （0.0017）	0.0067** （0.0030）
家庭非住房负债	0.0074*** （0.0021）	0.0137*** （0.0036）	0.0075*** （0.0021）	0.0138*** （0.0036）
家庭拥有自有车辆	0.0109** （0.0047）	0.0298*** （0.0079）	0.0108** （0.0047）	0.0295*** （0.0079）
户主特征变量				
受教育年限	0.0013** （0.0006）	0.0019* （0.0011）	0.0013** （0.0006）	0.0019* （0.0011）
户主已婚	−0.0065 （0.0043）	−0.0160** （0.0072）	−0.0065 （0.0043）	−0.0159** （0.0072）
户主身体健康	−0.0027 （0.0030）	0.0050 （0.0051）	−0.0028 （0.0030）	0.0049 （0.0052）
户主身体不好	−0.0044 （0.0043）	−0.0071 （0.0070）	−0.0044 （0.0043）	−0.0071 （0.0070）
户主有工作	0.0032 （0.0039）	0.0138** （0.0064）	0.0032 （0.0039）	0.0139** （0.0064）
户主风险偏好	0.0049 （0.0053）	0.0144 （0.0091）	0.0049 （0.0053）	0.0143 （0.0091）
户主风险厌恶	0.0181*** （0.0034）	0.0396*** （0.0058）	0.0180*** （0.0034）	0.0395*** （0.0058）
个体固定效应	YES	YES	YES	YES
时间固定效应	YES	YES	YES	YES
N	23924	21178	23924	21178
R^2	0.0339	0.0898	0.0334	0.0890

被解释变量	股票市场参与（FE） （1）	金融市场参与（FE） （2）	股票市场参与（FE） （3）	金融市场参与（FE） （4）
F 统计量	34.79***	84.43***	34.52***	84.31***

注：*、**、***分别表示在10%、5%、1%水平上显著。

5.5 住房财富影响家庭资产选择的差异影响

5.5.1 年龄异质性

从直觉来讲，人们可能期望最佳投资组合权重是年龄的函数，并且越年老的人将持有风险相对较低的金融资产。现有的研究检验了整个生命周期内家庭投资组合的构成变化，发现关于年龄效应，存在矛盾的证据（Flavin and Yamashita，2002；Ioannides，1992）。由于样本期内所有户主的年龄变化是相同的，因此基准回归不能控制年龄的变化。为了检验生命周期效应，在本部分，我们将样本按照户主年龄分为三个子样本，分别是16~35周岁，36~65周岁以及65周岁以上。表5-3报告了基本的实证结果。我们发现，住房财富对家庭风险资产投资的正向影响只在中年家庭才成立。金融资产投资是一项高风险的活动，更适合长期投资，因此在老年群体中，住房的财富效应不显著，这与Bodie和Crane（1997）的发现一致，他们证实，越年长的人持有越少的股票。

表5-3 异质性影响：不同年龄段

被解释变量	金融市场参与		
	16~35周岁	36~65周岁	65周岁以上
住房价值	0.0229 （0.0158）	0.0165*** （0.0032）	0.0041 （0.0035）

被解释变量	金融市场参与		
	16~35 周岁	36~65 周岁	65 周岁以上
家庭特征变量	Control	Control	Control
户主特征变量	Control	Control	Control
个体固定效应	YES	YES	YES
时间固定效应	YES	YES	YES
N	1451	14378	5349
R^2	0.1377	0.0835	0.0463
F 统计量	8.06***	51.73***	11.28***

注：***表示在1%水平上显著。

5.5.2　背景风险异质性

背景风险包括受教育水平、身体状况等代表人力资本的因素和工作状态等。本部分从背景风险角度入手，考察住房财富对家庭金融市场参与的异质性影响。表5-4 报告了主要的回归结果。其中，第（1）列和第（2）列报告了不同身体健康状况的不同影响。第（3）列和第（4）列报告了在不同工作状态下的不同效果。第（5）列和第（6）列报告了不同教育程度带来的不同影响。综合表5-4 可知，户主身体健康、有工作和受教育水平高的家庭，更倾向于参与金融市场投资。受过高等教育的群体通常具有较高的金融知识，对相关信息也有更好的理解和领悟。Campbell（2006）也发现，受过良好教育的投资者倾向于将其财富中较高的份额投资于股票。我们的发现与 Wachter 和 Yogo（2010）类似，他们研究发现，失业风险不仅降低了最年轻家庭的资产组合份额，特别是降低了那些处在最低财富分位家庭的投资组合份额。总之，背景风险较小的家庭较不容易受到其金融投资组合风险的影响，因此更有可能参与风险金融市场，并在投资组合中持有较高比例的风险资产。

表5-4 异质性影响：不同背景风险

被解释变量	金融市场参与					
	身体健康 （1）	身体不好 （2）	有工作 （3）	无工作 （4）	高等教育 （5）	低等教育 （6）
住房价值	0.0205*** （0.0052）	0.0035 （0.0047）	0.0183*** （0.0039）	0.0087** （0.0035）	0.0260*** （0.0062）	0.0067*** （0.0022）
家庭特征变量	Control	Control	Control	Control	Control	Control
户主特征变量	Control	Control	Control	Control	Control	Control
个体固定效应	YES	YES	YES	YES	YES	YES
时间固定效应	YES	YES	YES	YES	YES	YES
N	9655	3550	12085	9093	7223	13955
R^2	0.0856	0.0745	0.0943	0.0750	0.1282	0.0501
F 统计量	35.50***	21.87***	47.53***	23.13***	46.54***	27.21***

注：**和***分别表示在5%和1%水平上显著。

5.5.3 城市规模和地区异质性

在研究了不同人口统计学特征群体的异质性影响之后，我们检验了投资组合配置中的区域异质性。表5-5报告了住房财富对家庭参与金融市场在不同城市规模的异质性影响。第（1）列报告了一二线城市子样本估计结果。第（2）列报告了三四五线城市子样本估计结果。由表5-5可知，位于一二线城市的家庭，住房财富效应更大。我们的结论与Shi等（2018）的一致。他们也证实了住房净财富在不同城市规模的异质性影响。

表5-5 异质性影响：不同城市规模

被解释变量	金融市场参与	
	一二线城市 （1）	三四五线城市 （2）
住房价值	0.0172*** （0.0035）	0.0085*** （0.0029）
家庭特征变量	Control	Control

被解释变量	金融市场参与	
	一二线城市 （1）	三四五线城市 （2）
户主特征变量	Control	Control
个体固定效应	YES	YES
时间固定效应	YES	YES
N	10830	10348
R^2	0.1156	0.0568
F 统计量	58.80***	26.88***

注：*** 表示在1%水平上显著。

中国东部和西部地区的房价存在很大差异，反映出土地、人口密度、经济结构、交通和其他便利设施等多种因素存在着巨大差异。表5-6 报告了住房财富对家庭参与金融市场在不同地区的异质性影响。第（1）列报告了东部地区子样本估计结果。第（2）列报告了中西部地区子样本估计结果。由表5-6 可知，对于经历过快速房价上涨的东部地区的自有房屋者来说，住房财富对家庭风险资产投资的影响更大。

表5-6　异质性影响：不同地区

被解释变量	金融市场参与	
	东部地区 （1）	中西部地区 （2）
住房价值	0.0140*** （0.0033）	0.0130*** （0.0032）
家庭特征变量	Control	Control
户主特征变量	Control	Control
个体固定效应	YES	YES
时间固定效应	YES	YES
N	10682	10496
R^2	0.1032	0.0715

续表

被解释变量	金融市场参与	
	东部地区 （1）	中西部地区 （2）
F 统计量	50.19***	34.47***

注：***表示在1%水平上显著。

5.6 住房财富影响家庭资产选择的进一步分析

5.6.1 金融市场参与深度

为了进一步证实我们的结论，即住房财富效应占据主导地位，我们分析了住房财富对金融市场参与深度的影响，这体现在股票占金融资产的比重以及风险金融资产占金融资产的比重上。表5-7报告了主要的回归结果。其中，第（1）列和第（2）列分别报告了住房价值对股票资产占比和风险资产占比的影响。住房价值的系数都显著为正且在1%水平上显著，这与 Shi 等（2018）和 He 等（2019）的发现一致。第（3）列和第（4）列分别报告了住房净财富对股票资产占比和风险资产占比的影响。住房净财富的系数也均显著为正且在1%的水平上显著。以上结果表明，对于住房财富增加较多的家庭而言，倾向于持有更高比例的风险金融资产。这再次表明，住房财富效应占主导地位。

表5-7 进一步分析：金融市场参与深度

被解释变量	股票资产占比 （Tobit）（1）	风险资产占比 （Tobit）（2）	股票资产占比 （Tobit）（3）	风险资产占比 （Tobit）（4）
关注变量				
住房价值	0.1295*** （0.0189）	0.1021*** （0.0095）	—	—

被解释变量	股票资产占比（Tobit）（1）	风险资产占比（Tobit）（2）	股票资产占比（Tobit）（3）	风险资产占比（Tobit）（4）
住房净财富	—	—	0.1272***（0.0185）	0.0916***（0.0090）
家庭特征变量	Control	Control	Control	Control
户主特征变量	Control	Control	Control	Control
个体固定效应	YES	YES	YES	YES
时间固定效应	YES	YES	YES	YES
N	23924	21178	23924	21178
Wald 统计量	144.61***	583.98***	144.61***	580.32***

注：***表示在1%水平上显著。

5.6.2 住房的双重属性

住房区别于其他金融资产的特征之一就是它具有消费品和投资品的双重属性（Yao and Zhang，2005；Berkovec and Fullerton，1992）。在这种情况下，家庭最主要的住房可能被视为消费品，而其他住房则被视为具有投资属性。我们假设，对于金融市场参与，具有投资属性的其他房产的财富效应更高，这是因为其他住房的财富可以轻易变现，而主要居住的住房的财富效应仅通过感知到的财富或账面收益来影响。表5-8报告了主要住房升值和其他住房升值对家庭参与股票市场和金融市场影响的估计结果。结果表明，主要房产和其他房产的财富升值均对股票市场参与和金融市场参与产生积极的影响。正如所预期的那样，其他房产的住房价值系数比主要房产的住房价值系数大得多。

表5-8 进一步分析：首套房和其他住房

被解释变量	股票市场参与（FE）（1）	金融市场参与（FE）（2）	股票市场参与（FE）（3）	金融市场参与（FE）（4）
关注变量				
首套房价值	0.0031***（0.0011）	0.0068***（0.0020）	—	—

续表

被解释变量	股票市场参与（FE） （1）	金融市场参与（FE） （2）	股票市场参与（FE） （3）	金融市场参与（FE） （4）
两套及以上住房价值	—	—	0.0054 *** （0.0010）	0.0121 *** （0.0018）
家庭特征变量	Control	Control	Control	Control
户主特征变量	Control	Control	Control	Control
个体固定效应	YES	YES	YES	YES
时间固定效应	YES	YES	YES	YES
N	23924	21178	23924	21178
R^2	0.0312	0.0845	0.0295	0.0845
F 统计量	33.55 ***	82.73 ***	34.79 ***	84.97 ***

注：*** 表示在1%水平上显著。

我们还探讨了房屋数量①与风险资产投资之间的关系。结果报告在表5-9中，由表5-9可知，房屋数量越多，家庭参与股票市场和金融市场的可能性就越高。

表5-9　进一步分析：房屋数量

被解释变量	股票市场参与 （1）	金融市场参与 （2）
关注变量		
房屋数量	0.0157 *** （0.0032）	0.0317 *** （0.0054）
家庭特征变量	Control	Control
户主特征变量	Control	Control
个体固定效应	YES	YES
时间固定效应	YES	YES
N	23890	21150
R^2	0.0290	0.0836
F 统计量	34.55 ***	83.96 ***

注：*** 表示在1%水平上显著。

---

① 剔除了房屋数量等于999的异常值。

前面的结果表明，住房财富的增加在风险资产投资中确实发挥着重要作用。接下来，我们将研究变现的住房财富对投资组合选择的影响，即卖房行为与家庭投资组合选择的关系。如果家庭在调查期间销售了房屋，则卖房哑变量取值为1，否则为0。卖房价值定义为所有销售房屋的总价值。表5-10给出了具体的实证回归结果，由表5-10可知，卖房行为和卖房价值均能显著提高家庭金融市场参与的概率。

表5-10　进一步分析：卖房行为

被解释变量	金融市场参与 （1）	金融市场参与 （2）
关注变量		
卖房行为	0.0361** （0.0180）	—
卖房价值	—	0.0131** （0.0064）
家庭特征变量	Control	Control
户主特征变量	Control	Control
省区固定效应	YES	YES
N	10589	10589
R²	0.0834	0.0950
F 统计量	16.96***	17.97***

注：**和***分别表示在5%和1%水平上显著。

5.7　住房财富影响家庭资产选择的可能渠道

随着住房财富的增加，家庭拥有的金融资产类型的数量是否也会增加？如果是，则可能反映出住房财富增加后对资产多元化的需求。在本节中，在控制其他因素的情况下，我们实证检验了住房财富与多样化需求之间的关系。表5-11给出了具体的估计结果。其中，第（1）列和第（2）列的被解释变量是金融资产类型的数量，第（3）列和第（4）列的被解释变量是风险金融资产类型的数量。由表 5-11 可知，住房价值和住房净财富均对金融资产类型的数量和家庭拥有的风险金融资产类型的数量产生显著的正向影响。住房财富越多，家庭拥有的金融资产和风险金融资产的类型就越多。以上结果证实，住房财富的增加，使得家庭资产组合多样化。

表 5-11　机制分析：提高家庭资产多元化需求

被解释变量	金融资产种类 （1）	金融资产种类 （2）	风险金融资产种类 （3）	风险金融资产种类 （4）
关注变量				
住房价值	0.0515*** （0.0079）	—	0.0166*** （0.0030）	—
住房净财富	—	0.0440*** （0.0069）	—	0.0144*** （0.0026）
家庭特征变量	Control	Control	Control	Control
户主特征变量	Control	Control	Control	Control
个体固定效应	YES	YES	YES	YES
时间固定效应	YES	YES	YES	YES
N	21178	21178	21178	21178
R^2	0.1446	0.1430	0.0781	0.0772
F 统计量	53.95***	53.82***	70.56***	70.51***

注：***表示在 1%水平上显著。

5.8　稳健性检验

5.8.1　稳健性检验一：工具变量估计

前文表 5-2 是采用面板固定效应方法估计住房财富对家庭资产配置的影响。

这一方法可以解决不随时间变化的遗漏变量所造成的估计偏误。一些随着时间变化的遗漏变量也会对估计结果的稳健性造成影响。因此，本部分采用 IV+FE 的方法，验证实证结论的稳健性。表 5-12 给出了具体的实证回归结果。由表 5-12 可知，住房价值和住房净财富等住房财富的增加，能够显著提高家庭参与股票市场和金融市场投资的概率①，与 Chetty 等（2017）的结论一致，证实了实证结果的稳健性。

表 5-12　稳健性检验：工具变量估计

被解释变量	股票市场参与 (IV+FE)	金融市场参与 (IV+FE)	股票市场参与 (IV+FE)	金融市场参与 (IV+FE)
关注变量				
住房价值	0.0256 *** (0.0070)	0.0500 *** (0.0112)	—	—
住房净财富	—	—	0.0227 *** (0.0062)	0.0444 *** (0.0100)
家庭特征变量	Control	Control	Control	Control
户主特征变量	Control	Control	Control	Control
个体固定效应	YES	YES	YES	YES
时间固定效应	YES	YES	YES	YES
N	23922	21176	23922	21176
R^2	0.0298	0.0812	0.0299	0.0813
第一阶段 F 值	56.35 ***	51.93 ***	43.50 ***	42.29 ***
工具变量 t 值	−22.07 ***	−21.71 ***	−21.74 ***	−21.39 ***

注：*** 表示在 1%水平上显著。

5.8.2　稳健性检验二：剔除调查期间购房样本

由于调查是每两年进行一次，因此家庭可能会在 2016 年参与金融市场，并有能力在 2017 年购买更大的房屋，住房财富可能会由此增加，这将引起反向因

---

① 工具变量的估计系数较基准回归系数更大，这是 IV 估计中经常出现的现象。

果问题。为了检验这些问题是否对估计结果产生影响，我们排除了 2015~2017 年购买房屋的任何家庭。表 5-13 表明，其结论与我们的基准估计一致。

表 5-13　稳健性检验：剔除调查期间购房样本

被解释变量	股票市场参与（FE）(1)	金融市场参与（FE）(2)	股票市场参与（FE）(3)	金融市场参与（FE）(4)
关注变量				
住房价值	0.0070*** (0.0014)	0.0130*** (0.0024)	—	—
住房净财富	—	—	0.0053*** (0.0013)	0.0109*** (0.0021)
家庭特征变量	Control	Control	Control	Control
户主特征变量	Control	Control	Control	Control
个体固定效应	YES	YES	YES	YES
时间固定效应	YES	YES	YES	YES
N	21692	19372	21692	19372
R^2	0.0325	0.0840	0.0318	0.0831
F 统计量	30.08***	71.09***	29.66***	70.83***

注：***表示在 1%水平上显著。

5.8.3　稳健性检验三：一阶差分估计

为了进一步探讨结果的稳健性，本部分进行一阶差分估计，以考察住房财富对股票市场参与和金融市场参与的影响。表 5-14 给出了估计结果，我们的结论仍旧保持不变。

表 5-14　稳健性检验：一阶差分估计

被解释变量	股票市场参与(1)	金融市场参与(2)	股票市场参与(3)	金融市场参与(4)
关注变量				
Δ 住房价值	0.0040*** (0.0006)	0.0085*** (0.0010)	—	—

被解释变量	股票市场参与 （1）	金融市场参与 （2）	股票市场参与 （3）	金融市场参与 （4）
Δ 住房净财富	—	—	0.0040*** （0.0006）	0.0080*** （0.0010）
Δ 家庭特征变量	Control	Control	Control	Control
Δ 户主特征变量	Control	Control	Control	Control
省区固定效应	YES	YES	YES	YES
N	11962	10589	11962	10589
R^2	0.0314	0.0526	0.0314	0.0518

注：***表示在1%水平上显著。

5.9 本章小结

本章运用2015年和2017年中国家庭金融调查数据，对住房财富在家庭投资组合选择中的作用进行了全面研究。通过追踪在样本初始期不持有风险资产的家庭的投资决策，本章建立了住房财富与参与风险资产投资之间的因果关系。我们发现，住房价值每增加1%，家庭金融市场参与的可能性就增加1.43%；住房净财富每增加1%，家庭金融市场参与的可能性就增加1.22%。我们通过使用同一社区中其他家庭的平均住房价值作为工具变量来解决房价潜在的内生性问题。

通过将样本限定在城镇有房家庭，我们可以明确检验住房对家庭风险资产配置的影响是财富效应还是挤出效应占据主导地位。结论表明，住房财富效应占主导地位。住房财富对家庭风险金融资产配置比例也有显著正向影响。进一步分析还发现，房屋数量、住房的消费属性和投资属性、卖房行为和卖房价值均对家庭资产组合管理产生显著正向影响。异质性结果表明，住房财富对家庭金融市场参与的影响在一线和二线城市、东部地区以及户主身体健康、有工作和受过高等教育的家庭更大。机制分析表明，住房财富的增加通过增加对多样化和持有更多类型的风险金融资产的需求，从而对家庭资产配置产生影响。

　　总体而言，本章表明住房财富在家庭的投资组合决策中起着重要作用，并增进了我们对住房财富与家庭金融市场参与和风险敞口之间关系的理解。

6 住房财富与家庭创业

6.1 问题的提出

  2007年，党的十七大报告将"加快推进以改善民生为重点的社会建设"列为重点内容，首次全面和系统地提出了改善民生的基本理念：要在发展经济的基础上更加关注社会建设，着力保障和改善民生。此后，在重要的政府会议和报告中都强调了对我国民生问题的关注，党的十八大报告、十八届三中全会、十八届四中全会、十八届五中全会对于保障人民群众基本权利，解决人民群众最关心、最现实的民生问题都给予了很高的关注，民生问题成为现阶段政府工作的重要内容之一。作为小型企业、微型企业、家庭作坊式企业、个体工商户的统称，小微企业在推动创新创业、提供就业岗位、推进城镇化建设、维持社会稳定、促进经济增长、调整产业结构等方面发挥着至关重要的作用。自2014年李克强总理在达沃斯论坛提出"大众创业、万众创新"后，《国务院关于强化实施创新驱动发展战略进一步推进大众创业万众创新深入发展的意见》《国务院关于推动创新创业高质量发展打造"双创"升级版的意见》等相关鼓励措施的出台和实施，为促进全社会的创新、创业，增加经济发展的动力提供了良好的政策和制度环境。除了政策支持以外，各地的双创周、创响中国、创新创业大赛和创新创业成果交易会等实践也进一步推进了创业创新活动，增加了双创的活力。根据《全球创业观察（2018/2019）中国报告》，中国创业环境的综合评价得分为 5.0 分，在 G20 经济体中排名第 6 位。表 6-1 描述了 2016~2020 年全国市场主体发展基本情况。由表 6-1 可知，无论是期末实有还是新登记的企业和个体工商户，均呈快速增长态势。创业已成为加快发展新经济、培育发展新动能、打造发展新引擎的重要抓手（张萃，2018）。

表 6-1　2016~2020 年全国市场主体发展基本情况　　　　　　　单位：万户

项目		2016 年		2017 年		2018 年		2019 年		2020 年	
		期末实有	新登记	期末实有	新登记	期末实有	新登记	期末实有	新登记	期末实有	新登记
市场主体		8705.4	1651.3	9814.8	1924.9	11020	2149.6	12339.5	2377.4	13840.7	2502.1
其中	企业	2596.1	552.8	3033.7	607.4	3474.2	670	3858.3	739.1	4331.4	803.5
	个体工商户	5930	1068.9	6579.4	1289.8	7328.6	1456.4	8261	1621.8	9287.2	1681.5
	农民专业合作社	179.4	29.6	201.7	27.8	217.3	23.1	220.1	16.5	222.1	17.1

资料来源：国家市场监督管理总局。

在此背景下，本章探究，不断增长的住房财富和家庭创业之间是否有因果关系。自住房制度改革以来，中国家庭的自有住房拥有率一直都很高，伴随着房价的快速增长，家庭的住房财富也由此迅速增加。与此同时，在"大众创业、万众创新"政策指引下，全社会掀起创业浪潮，创业势头高涨，企业数量日均净增 1 万户以上[①]。因此，住房财富在家庭创业决策中扮演何等角色发挥何等作用是值得深入研究的话题，这对厘清住房财富和家庭创业的因果关系具有极端重要性。

本章研究住房财富对城镇家庭创业决策的影响。首先，实证分析了住房财富与家庭新增创业之间的关系。同时，考察了住房财富对创业家庭的经营规模、经营绩效和劳动供给的影响以及对家庭创业失败的影响。其次，从不同区域、不同城市规模以及人力资本水平的高低展开异质性分析。再次，进一步分析了住房财富对主动创业、不同类型创业和未来创业意愿的影响。同时，也研究了房屋数

---

① 数据来源于 2020 年政府工作报告。

量、住房属性等与家庭创业之间的关系。最后，从缓解流动性约束和提高工商业信贷可得性两个角度探索住房财富提高家庭创业概率的潜在机制并对主要发现进行了稳健性检验。

6.2　理解住房财富与家庭创业

创业是拉动经济增长的重要引擎，是创新和经济增长的关键。在微观个体层面，创业活动不仅促进了劳动力就业的灵活性，提高了创业者的工作满意度和生活满意度（Blanchflower and Oswald，1998），还对低收入群体的收入增长有积极促进作用。在宏观层面，创业活动提高了城市就业率，解决了就业问题，推动了产业结构升级和技术创新，促进城市化水平提升（Glaeser et al.，2015），最终促进经济增长（Banerjee and Newman，1993；De Mel et al.，2008）。

6.2.1　创业的影响因素

关于创业的影响因素，现有文献归纳为以下几个方面：第一，宏观的政治、经济因素。包括政府管制（陈刚，2015）、金融约束（King and Levine，1993；Paulson and Townsend，2004；张龙耀、张海宁，2013）、金融环境和政策支持（朱红根、康兰媛，2013）。第二，个人特征、家庭背景。包括金融知识（尹志超等，2015；孙光林等，2019）、认知能力（李涛等，2017）、个人能力（Lazear，2004）、人格特质（罗明忠、陈明，2014）、公务员家庭（李雪莲等，2015）、父母的创业经历（Lindquist et al.，2015）和家庭结构（杨婵等，2017）。第三，文化和社会规范。包括宗教信仰（阮荣平等，2014）、信任（周广肃等，2015）、社会网络（Birley，1985；Djankov et al.，2006；马光荣、杨恩艳，2011；蒋剑勇、郭红东，2012；杨震宁等，2013；胡金焱、张博，2014；刘刚等，2016）。第四，数字普惠金融。包括移动支付（尹志超等，2019）、数字金融（谢绚丽等，2018；何婧、李庆海，2019）。

6.2.2 住房财富与家庭创业的关系

关于住房与创业的研究，现有文献没有得出一致的结论。一些文献研究了住房所有权、住房财富与家庭创业之间的关系（Black et al., 1996；Fairlie and Krashinsky, 2012；Wang, 2012；Corradin and Popov, 2015；Schmalz et al., 2017；吴晓瑜等, 2014；蔡栋梁等, 2015；李江一、李涵, 2016），他们发现，住房财富通过缓解流动性约束进而显著促进家庭从事创业活动。一些文献研究了家庭财富与创业之间的关系，Hurst 和 Luarsdi（2004）、Buera（2009）、盖庆恩等（2013）发现两者存在非线性关系，Evans 和 Jovanovic（1989）、Evans 和 Leighton（1989）、Banerjee 和 Newman（1993）则发现家庭财富显著正向影响家庭创业。Black 等（1996）、Li 和 Wu（2014）、Adelino 等（2015）、吴晓瑜等（2014）、普蓂喆和郑风田（2016）考察了房价与创业之间的关系。蔡栋梁等（2015）还研究了房价预期与家庭创业的关系，发现房价预期负向影响家庭创业活动。

当家庭自有财富有限，且外部金融市场不能为创业行为提供金融支持时，家庭可能会因为资金约束而无法创业（马光荣、杨恩艳, 2011；张龙耀、张海宁, 2013；胡金焱、张博, 2014）。可见，家庭财富水平是影响家庭创业选择的重要因素（张龙耀、张海宁, 2013）。房产作为一种重要的家庭资产，它具有双重属性，一方面是耐用消费品，另一方面是风险性非金融投资品（Cardak and Wilkins, 2009）。学者们从不同的角度研究了住房与家庭创业之间的关系。Wang（2012）研究了中国针对国有企业职工实行的住房制度改革对家庭创业的影响，这项改革使租用国有房屋的国企员工有机会以补贴价格购买房屋。研究发现，住房改革通过允许家庭利用房产增值来减少劳动力流动成本并减轻信贷约束，进而提高了家庭创业的概率。周京奎和黄征学（2014）也评估了住房制度改革对家庭"下海"创业的影响，发现了类似的结论。Li 和 Wu（2014）、吴晓瑜等（2014）运用 2005 年人口抽样调查数据和中国家庭追踪调查（CFPS）数据，研究了房价与家庭创业之间的关系。他们研究发现，对于自有房屋者，尽管住房增值对家庭创业有正的财富效应，但按揭收入比对家庭创业有一个负向效应。对于无房家庭，房价收入比越高，家庭创业的概率越低。住房的"替代效应"大于"财富效应"和"信贷效应"之和。Hurst 和 Lusardi（2004）运用美国 PSID 数据研究发现，财富与家庭创业之间是非线性关系，仅仅对处于财富最高水平的那部分家庭而言，两者的正向关系才存在，进一步研究发现，房价对家庭创业没有影响。

6.3 理论背景和研究假说

中国作为转型经济体，随着国有企业改革和外国竞争的加剧，创业在中国城市尤为重要，城市发展越来越依赖创业活动来推动经济增长（Yueh，2009）。企业经营是一种承担风险的行为（Knight，1921）。处于不同财富水平的个人会有不同的职业选择（Banerjee and Newman，1993）。创业作为经济个体的职业选择，相比受雇佣需要承担更大的风险。除了承担风险，创业还需要一定的启动资金（吴晓瑜等，2014）。

金融市场不完善、信息不对称的问题在各国普遍存在。由于逆向选择和道德风险的存在，金融市场为潜在创业者提供的资本并不充裕（LeRoy and Singell，1987）。同时，信贷分配制度偏向国有企业，创业者经常面临严重的信贷约束，由此创业者仅能依靠自有资金并承担可能失败的风险（Evans and Jovanovic，1989）。

当家庭自有财富有限，且外部金融市场不能为创业行为提供金融支持时，家庭可能会因为资金约束而无法创业（马光荣、杨恩艳，2011；张龙耀、张海宁，2013；胡金焱、张博，2014）。可见，家庭财富水平是影响家庭创业选择的重要因素（张龙耀、张海宁，2013）。Thaler（1990）提出，住房属于家庭心理账户的资产，家庭存在财富幻觉，存在心理账户效应。房价的升高会使得家庭觉得比以前更加富有，对自己的财务状况更加自信（Poterba，2000；Zhu et al.，2019）。也就是说，由于家庭从事自营工商业都有大量的资金需求，资金门槛很大程度上阻碍了创业活动。房价上涨所带来的住房财富增加，从心理学的角度讲，使得家庭觉得更有能力跨过资金门槛，从而提高家庭创业的概率。据此

提出，

假设 1：住房财富的增加，提高了家庭创业的概率，对家庭创业有积极促进作用。

基础设施、法治环境、政府管制、金融发展、城市规模等宏观因素，以及融资约束、社会资本、企业家才能等微观因素在家庭创业活动中均占据举足轻重的地位。住房财富作为一种重要的物质资本，对家庭一系列行为和活动均具有重要作用。现有文献发现，住房财富通过改变家庭生命周期的财富和缓解流动性约束，进而影响家庭的消费支出（Case et al.，2005；Hurst and Stafford，2004；Campbell and Cocco，2007；Carroll et al.，2011；Browning et al.，2013；Mian et al.，2013）和家庭负债（Mian and Sufi，2011）。Engelhardt（1996a）、Disney 等（2002）等研究证实，住房收益影响消费和储蓄行为。住房财富对生育决策（Lovenheim and Mumford，2013）、生育率（Dettling and Kearney，2014）、教育决策（Lovenheim，2011；Lovenheim and Reynolds，2013）、长期护理保险的需求（Davidoff，2010）、资产选择（Chetty et al.，2017）以及离婚率（Farnham et al.，2011）均有显著影响。那么，住房财富是如何提高家庭创业的概率呢？如何将资产转化为创业所需的资本呢？

根据传统的 5C（Character、Capacity、Collateral、Capital 和 Conditions）理论，住房能扮演抵押品的角色。在正规金融机构借贷中，住房在违约时被视为止损的手段。具体来说，房屋所有权被视为借款者积累财富和偿还负债能力的标志（Connolly et al.，2015）。虽然在中国不存在如美国一样的按揭再贷款制度，不能够提取住房净财富，进行二次贷款。但是，现有文献证实，房产在家庭总资产中具有极强重要性。房价上涨能提升房产的抵押功能（吴晓瑜等，2014）。由于大部分自营工商业的创立是以家庭自有资产作为初始投资，而正规金融又是以借款者的资产和抵押品为基础。因此，一方面，住房能作为抵押品，向银行等正规金融机构贷款，获得创业所需的资金，为家庭创业提供资金支持。另一方面，房价上涨所带来的住房增值，能够向亲朋好友传递信号，有助于获得民间借贷。据此提出，

假设 2：住房财富增加所带来的信贷效应，通过提高工商业正规信贷可得性和民间借贷可得性，促进家庭创业。

前文提到，由于金融市场的不完善，家庭创业需要积累资金，流动性约束的存在，会显著抑制家庭创业活动（Evans and Jovanovic，1989）。房价上涨提高了住房财富的贴现价值（黄静、屠梅曾，2009），使得房产持有者预期未来收益增加，家庭财富增加（吴晓瑜等，2014）。即使住房没有用于抵押来为工商业贷款融资，住房升值也能为创业提供额外的资金（Connolly et al.，2015），从而解决初始资本不足的问题。据此提出，

假设3：住房财富增加所带来的财富效应，通过缓解家庭面临的流动性约束，促进家庭创业。

综上，住房财富通过信贷效应和财富效应，充当家庭创业的初始资本，使得家庭跨越创业所需的资金门槛，住房财富在家庭创业过程中扮演"助推器"的角色。接下来本章将一一检验以上三个假设。

6.4　变量与模型

6.4.1　变量定义

城镇家庭创业。为重点考察住房财富对城镇家庭创业的影响，本章严格定义了创业变量。借鉴尹志超等（2015）、尹志超等（2019）的做法，当家庭从事包括个体户、租赁、运输、网店、经营企业等工商业生产经营项目时，即视为家庭创业。本章进一步定义了经营规模和经营绩效，即创业总资产和创业收入。本章还考察了家庭成员在创业项目上的劳动供给，即创业投入天数、投入小时数以及雇佣员工数量。

住房财富。住房财富包括住房价值和住房净财富。具体的定义见第3章第3.1节。

流动性约束。现有文献从信贷约束视角、负储蓄视角、流动性资产不足视角等定义流动性约束。借鉴 Hayashi（1985）、Zeldes（1989）的做法并有所拓展，从流动性资产不足视角着手，本章定义了两种流动性约束：流动性约束1，金融

资产①小于家庭 2 个月收入；流动性约束 2，流动资产②小于家庭 2 个月收入。

工商业信贷。为了更加全面考察住房财富对工商业信贷的影响，本章分别定义了工商业正规借贷和工商业民间借贷。其中，工商业正规借贷指因工商业生产经营活动目前有尚未还清的银行/信用社贷款；工商业民间借贷指因工商业生产经营活动目前有尚未还清的亲朋好友、民间金融组织等非银行融资渠道的借款。

控制变量。参照以往文献，本章的控制变量主要有：第一，家庭特征变量，包括家庭规模、家庭老人数量、家庭小孩数量、家庭住房负债、家庭非住房负债、家庭收入③、家庭净财富④、家庭拥有自有车辆。第二，户主特征变量，包括户主身体健康、户主身体不好、户主受教育年限、户主已婚、户主有工作、户主风险偏好、户主风险厌恶。外部资产条件和自身素质是影响创业活动的关键因素（李雪莲等，2015），因此，本章控制了家庭负债、收入、净财富、是否有车等反映物质资本的变量，也控制了户主身体健康水平、受教育年限、风险态度等反映人力资本和风险偏好的变量。第三，宏观经济变量，包括地区人均 GDP、地区失业率、CPI、地区商业用地价格以及私营部门平均工资。这些宏观经济变量代表当地的创业环境和创业氛围。地区人均 GDP、CPI 用来衡量各地区经济发展水平。失业率是影响创业活动的重要变量。更高的失业率意味着劳动力更难找到满意的工作，这可能迫使劳动力通过创业来实现就业（陈刚，2015）。地区商业用地价格会影响创业的成本。本章在处理数据过程中，将受教育年限变为连续变量⑤。在实证部分，同样将家庭住房负债、家庭非住房负债、家庭收入、家庭净财富采用加 1 再取自然对数的方法。表 6-2 给出了变量的描述性统计。

由表 6-2 可知，对于 2015 年和 2017 年均创业的家庭，创业资产平均值分别为 465619.5 元和 393715.7 元，创业收入平均值分别为 270979.9 元和 349970.8 元，家庭成员在创业项目上的投入天数平均值分别为 6.55 天和 6.49 天，投入小

---

① 金融资产包括家庭的股票、债券、银行理财产品、黄金、期货、期权、非人民币资产等。
② 流动资产的定义为：现金和活期存款。
③ 本章所控制的家庭总收入没有包括与创业和住房相关的收入，如创业收入、租金等。
④ 参考 Corradin 和 Popov（2015）的做法，本章所控制的家庭净财富没有包括与创业和住房相关的净财富。
⑤ 没上过学 = 0，小学 = 6，初中 = 9，高中 = 12，中专 = 13，大专 = 15，大学本科 = 16，硕士研究生 = 19，博士研究生 = 22。

时数平均值分别为 10.41 小时和 9.97 小时，雇佣员工的数量平均值分别为 2 人和 3 人。对于 2015 年没有创业的城镇有房家庭，2017 年新增创业的概率平均为 6.60%。样本的家庭规模平均为 3 人，分别有 22.78% 和 27.32% 的家庭拥有自有车辆。家庭的住房负债均值分别为 29373.22 元和 41671.24 元，家庭非住房负债均值分别为 7314.18 元和 14073.87 元。家庭的住房价值均值分别为 795620.5 元和 1156594 元，住房净财富均值分别为 766247.2 万元和 1114923 万元。样本中户主已婚的比例分别为 78.23% 和 86.07%，户主的受教育年限平均为 10 年，总体受教育程度偏低，大部分户主均厌恶风险。

表 6-2　分年份描述性统计

	2015 年			2017 年		
	观测值	均值	标准差	观测值	均值	标准差
被解释变量						
家庭新增创业	—	—	—	11642	0.0660	0.2482
家庭创业总资产	1630	465619.5	2067017	1630	393715.7	1213187
家庭创业收入	1630	270979.9	1033495	1630	349970.8	1012187
家庭成员投入天数	1630	6.55	1.1573	1630	6.49	1.2280
家庭成员投入小时数	1630	10.41	3.6410	1630	9.97	3.3537
雇佣员工数量	1630	2.2007	26.4584	1630	2.8966	12.978
渠道变量						
流动性约束 1	11642	0.3553	0.4786	11642	0.3730	0.4836
流动性约束 2	11642	0.5368	0.4987	11642	0.5449	0.4980
工商业正规借贷	—	—	—	11642	0.0060	0.0773
工商业民间借贷	—	—	—	11642	0.0067	0.0816
关注变量						
住房价值	11642	795620.5	1197295	11642	1156594	1896331
住房净财富	11642	766247.2	1178805	11642	1114923	1856934
家庭特征变量						
家庭规模	11642	3.1780	1.4498	11642	3.0750	1.4149
家庭老人数量	11642	0.5515	0.7850	11642	0.6282	0.8151
家庭小孩数量	11642	0.4182	0.6609	11642	0.4051	0.6763
家庭住房负债	11642	29373.22	125524.7	11642	41671.24	183488

续表

	2015 年			2017 年		
	观测值	均值	标准差	观测值	均值	标准差
家庭非住房负债	11642	7314.18	57833.9	11642	14073.87	133303.5
家庭收入	11642	74890.09	131107.9	11642	69145.09	253968
家庭净财富	11642	232595.8	1079649	11642	280880.4	966350.3
家庭拥有自有车辆	11642	0.2278	0.4194	11642	0.2732	0.4456
户主特征变量						
户主受教育年限	11642	10.0387	4.1335	11642	10.1062	4.0180
户主已婚	11642	0.7823	0.4127	11642	0.8607	0.3463
户主身体状况好	11642	0.4467	0.4972	11642	0.4823	0.4997
户主身体状况不好	11642	0.1489	0.3560	11642	0.1628	0.3692
户主风险偏好	11642	0.0877	0.2829	11642	0.0906	0.2871
户主风险厌恶	11642	0.6679	0.4710	11642	0.6000	0.4900
户主有工作	11642	0.5353	0.4988	11642	0.5466	0.4978
宏观经济变量						
地区失业率	11642	3.2817	0.6793	11642	3.2362	0.6657
地区人均 GDP	11642	61612.42	24009.87	11642	70899.42	29631.24
地区 CPI	11642	101.4795	0.4007	11642	101.5617	0.3294
地区商业用地价格	11642	11135.52	4796.542	11642	12918	6959.612
地区私营部门平均工资	11642	38732.01	7508.146	11642	44796.05	9520.457

在本章的实证部分，采用 2015 年和 2017 年的平衡面板数据，考虑到农村没有商品房，在中国只有城市住房才有比较明确的交易价格，根据研究需要这里用城市有房样本回归。图 6-1 描述了 2015~2017 年城镇有房家庭创业活动变化情况。由图 6-1 可知，对于 2015 年没有创业的家庭（11642 户），2017年新增创业 768 户，占比为 5.41%。2015 年和 2017 年均创业的家庭有 1630户，占比为 11.48%。对于 2015 年创业的家庭（2561 户），2017 年创业失败家庭 931 户，占比为 6.55%。2015 年和 2017 年均没有创业的家庭有 10874户，占比为 76.56%。

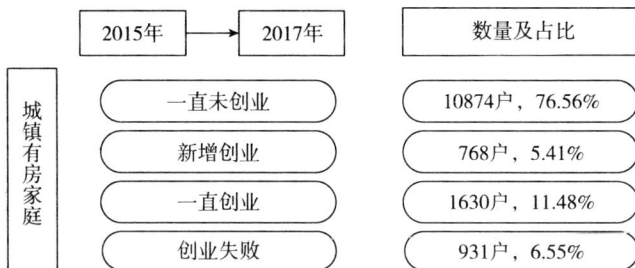

图 6-1　2015~2017 年城镇有房家庭创业活动变化情况

注：笔者绘制。

6.4.2　实证模型

为了考察住房财富对城镇家庭新增创业的影响，本章模型设定如式（6-1）所示：

$$Entrepreneurship_{it} = \alpha_1 Housing\_wealth_{it} + X_{it}\beta + c_i + \pi_t + \mu_{it} \qquad (6-1)$$

其中，$\mu_{it} \sim N(0, \sigma^2)$。$Entrepreneurship_{it}$ 代表城镇家庭新增创业的比例，下标 i 代表不同的家庭，t 代表年份，包括 2015 年和 2017 年。$Housing\_wealth_{it}$ 代表本章的关注变量住房财富，包括住房价值和住房净财富。X_{it} 代表控制变量，主要包括家庭特征变量、户主特征变量和宏观经济变量。c_i 代表不随时间变化的个体异质性，π_t 代表时间趋势项。本章预测，$\alpha_1 > 0$，即住房财富增加会提高城镇家庭新增创业的概率。

为了考察住房财富影响家庭创业的作用机制，这里借鉴胡金焱和张博（2014）的做法，以工商业正规信贷为例，模型设定如式（6-2）所示：

$$Formal\_lend_{it} = \alpha_2 Housing\_wealth_{it} + X_{it}\beta + c_i + \pi_t + \mu_{it} \qquad (6-2)$$

类似地，式（6-2）中，$\mu_{it} \sim N(0, \sigma^2)$。$Formal\_lend_{it}$ 代表城镇家庭新增工商业正规借贷的比例，下标 i 代表不同的家庭，t 代表年份，包括 2015 年和 2017 年。$Housing\_wealth_{it}$ 代表本章的关注变量住房财富，包括住房价值和住房净财富。X_{it} 代表控制变量，主要包括家庭特征变量、户主特征变量和宏观经济变量。c_i 代表不随时间变化的个体异质性，π_t 代表时间趋势项。本章预测，$\alpha_2 > 0$，即住房财富增加会提高城镇家庭新增工商业正规借贷的概率。

　　本章的关注变量住房财富可能是内生的，首先是逆向因果。家庭创业后，更有能力购买新的住房，从而住房财富增加。其次是遗漏变量，家庭创业和住房财富可能会同时受到其他因素的影响，如个人偏好习惯、个人贴现率，而这些变量又是不可观测的。具体来说，性格这一因素会同时影响住房财富和家庭是否创业，比如性格乐观的人，会看好未来的房地产市场，从而增持住房资产，而不同性格的人的创业决策也会有显著差异。最后是测量误差，本章的住房价值是家庭主观估计的，与真实的价值可能存在偏差。Goodman 和 Ittner（1992）发现，自有房屋者会系统性的高估住房价值。因此，本章要处理的一个关键问题是住房财富的内生性。现有关于住房与创业的文献中，Adelino 等（2015）采用住房供给弹性作为住房价格的工具变量，并控制了一系列可以捕获各县之间的截面差异的变量。Corradin 和 Popov（2015）也是运用住房供给弹性作为住房净财富的工具变量，并且通过子样本回归、排除相关行业等解决可能存在的内生性问题。Schmalz 等（2017）利用房价变动所导致的抵押品价值变化这一自然冲击，运用双重差分（DID）的方法来识别房屋抵押与创业的关系。Li 和 Wu（2014）在研究房价对家庭创业的影响时，为了解决家庭财富所导致的内生性问题，他们将住房增值作为家庭财富的工具变量，但这一工具变量的外生性条件不满足。Connolly 等（2015）排除了之前就从事生产经营的个体，仅保留了两次连续的调查之间转变为企业家身份并且没有被确定为先前拥有企业的样本。李江一和李涵（2016）选用家庭所居住社区（村）居民做饭的主要燃料来源是否为管道天然气作为住房产权的工具变量。考虑到本章采用平衡面板数据，并且基于数据可得的基础上，因此本章运用面板固定效应（FE）方法来解决不随时间变化的不可观测变量所造成的内生性问题。

6.5　住房财富对家庭创业决策的主要回归结果

6.5.1　住房财富对家庭新增创业的影响

　　本节考察住房财富和城镇家庭新增创业之间的关系。表 6-3 给出了具体的实证回归结果。由表6-3可知，住房价值在1%的水平上显著正向影响城镇家庭新增创业的概率，住房净财富在1%的水平上显著正向影响城镇家庭新增创业的概率。住房价值增加10%，家庭新增创业的概率提高5.7%。住房净财富增加10%，家庭新增创业的概率提高5.6%。由于家庭从事自营工商业都有大量的资金需求，资金门槛很大程度上阻碍了创业活动。住房财富的增加，从心理学角度讲，使得家庭觉得更有能力跨过资金门槛。因此，住房财富越多，城镇家庭新增创业的概率越大，这与Corradin和Popov（2015）的发现一致，实证结果证实了假设1。

表6-3 住房财富与家庭新增创业

被解释变量	新增创业 （1）	新增创业 （2）
关注变量		
住房价值	0.0057 *** （0.0017）	—
住房净财富	—	0.0056 *** （0.0015）
家庭特征		
家庭规模	0.0218 *** （0.0025）	0.0218 *** （0.0025）
老人数量	-0.0112 ** （0.0046）	-0.0112 ** （0.0046）
小孩数量	-0.0155 *** （0.0055）	-0.0155 *** （0.0055）
家庭总收入	-0.0627 *** （0.0018）	-0.0627 *** （0.0018）
家庭净财富	0.0172 *** （0.0016）	0.0172 *** （0.0016）
家庭住房负债	0.0004 （0.0021）	0.0017 （0.0021）
家庭非住房负债	0.0466 *** （0.0031）	0.0466 *** （0.0031）
家庭拥有自有车辆	0.0035 （0.0061）	0.0033 （0.0061）

续表

被解释变量	新增创业 （1）	新增创业 （2）
户主特征		
户主受教育年限	-0.0013 （0.0008）	-0.0013 （0.0008）
户主已婚	-0.0040 （0.0054）	-0.0040 （0.0054）
户主身体健康	0.0057 （0.0038）	0.0056 （0.0038）
户主身体不好	-0.0063 （0.0054）	-0.0062 （0.0054）
户主有工作	0.0439*** （0.0049）	0.0439*** （0.0049）
户主风险偏好	-0.0010 （0.0063）	-0.0009 （0.0063）
户主风险厌恶	0.0056 （0.0042）	0.0056 （0.0042）
宏观经济变量		
人均GDP	0.0136 （0.0335）	0.0138 （0.0335）
地区失业率	-0.0111 （0.0113）	-0.0113 （0.0113）
地区CPI	0.0225*** （0.0050）	0.0225*** （0.0050）
地区私营部门平均工资	-0.0457 （0.0809）	-0.0465 （0.0809）
地区商业用地价格	-0.1091*** （0.0357）	-0.1080*** （0.0357）
个体固定效应	YES	YES
时间固定效应	YES	YES
N	23284	23284
R^2	0.1428	0.1430
F统计量	118.19***	118.35***

注：①*、**、***分别表示在10%、5%、1%水平上显著。②括号里报告的标准差是稳健标准差。

从家庭特征变量看，老人数量和小孩数量对创业的影响显著为负，家庭规模对创业的影响显著为正，可能的原因是，家庭人口越多，拥有的劳动力和资源就越多，能投入到创业活动中的劳动力和资源就会增加（张龙耀、张海宁，2013；胡金焱、张博，2014；尹志超等，2015；杨婵等，2017；孙光林等，2019），这与周广肃等（2015）的结论一致。家庭净财富对家庭创业具有显著正向影响，家庭收入对家庭创业具有显著负向影响，可能的原因是，非住房、非创业收入越多，家庭创业的机会成本越大；非住房、非创业净财富越多，能够为创业提供物质资本，因而促进创业，这与 Corradin 和 Popov（2015）的结论一致。

从户主特征变量看，户主已婚、户主受教育年限和户主健康状况对家庭创业的概率均无显著影响，与 Evans 和 Jovanovic（1989）的发现一致。户主有工作显著提高家庭进行创业活动的概率，这与 Blanchflower 和 Oswald（1998）的发现一致。从宏观经济变量看，地区商业用地价格越高，意味着更高的创业成本，因而对创业有显著负向影响。人均 GDP、地区失业率和私营部门平均工资对城镇家庭新增创业没有显著影响，Blanchflower 和 Shadforth（2007）也发现，实际 GDP 对创业没有显著影响。CPI 也是衡量地区经济发展水平的指标之一，CPI 越高，经济发展越好，因而地区 CPI 显著正向影响家庭创业。

6.5.2　住房财富对家庭创业规模的影响

本节考察住房财富和城镇家庭经营规模之间的关系。这里将样本限定在两年均创业的家庭，考察住房财富的变化量与经营规模变化量之间的关系。表 6-4 给出了具体的实证回归结果。由表 6-4 可知，住房价值在 1% 的水平上显著正向影响城镇家庭的经营规模，住房净财富也在 1% 的水平上显著正向影响城镇家庭的经营规模。住房价值增加 1%，经营规模扩大 0.16%，住房净财富增加 1%，经营规模扩大 0.13%。说明住房财富增加，不仅能提高家庭新增创业的概率，还能增加已经创业家庭的经营规模。可能的原因是，住房增值带来的巨大溢价使得家庭有更加扎实的创业基础去扩充经营规模，增加经营性资产。Paulson 和 Townsend（2004）也发现，越富裕的家庭在创业活动中投入会更多。Evans 和 Jovanovic（1989）也强调，次优数量的资本导致经营规模更小。

表 6-4　住房财富与家庭经营规模

被解释变量	经营性资产 （1）	经营性资产 （2）
关注变量		
住房价值	0.1580*** （0.0324）	—
住房净财富	—	0.1348*** （0.0259）
家庭特征	Control	Control
户主特征	Control	Control
宏观经济变量	Control	Control
个体固定效应	YES	YES
时间固定效应	YES	YES
N	3260	3260
R^2	0.2489	0.2424
F 统计量	5.40***	5.55***

注：***表示在1%水平上显著。

6.5.3　住房财富对家庭创业绩效的影响

本节考察住房财富和城镇家庭经营绩效之间的关系。这里将样本限定在两年均创业的家庭，考察住房财富的变化量与经营绩效变化量之间的关系。表 6-5 给出了具体的实证回归结果。由表 6-5 可知，住房价值在 1% 的水平上显著正向影响城镇家庭的经营绩效，住房价值增加 1%，经营绩效提高 0.12%。住房净财富在 1% 的水平上显著正向影响城镇家庭的经营绩效，住房净财富增加 1%，经营绩效提高 0.10%。说明住房财富增加，不仅能提高家庭新增创业的概率，还能增加已经创业家庭的经营绩效。

表 6-5　住房财富与家庭经营绩效

被解释变量	营业收入 （1）	营业收入 （2）
关注变量		
住房价值	0.1198*** （0.0259）	—

被解释变量	营业收入 （1）	营业收入 （2）
住房净财富	—	0.0950*** (0.0208)
家庭特征	Control	Control
户主特征	Control	Control
宏观经济变量	Control	Control
个体固定效应	YES	YES
时间固定效应	YES	YES
N	3260	3260
R^2	0.4869	0.4836
F统计量	51.26***	51.23***

注：***表示在1%水平上显著。

6.5.4 住房财富对家庭创业成本的影响

创业项目的成本包括资金、人力等。人力成本主要指家庭成员在创业项目上的劳动供给。已有文献研究发现，住房财富会降低家庭成员的劳动供给（Disney and Gathergood，2018）。本章进一步考察，住房财富的增加，是否会降低家庭成员在创业项目上的劳动供给。这里同样将样本限定在两年均创业的家庭，考察住房财富的变化量与家庭成员在创业项目上的劳动供给变化量之间的关系。表6-6给出了具体的实证回归结果。具体地，分别考察了住房价值、住房净财富对家庭成员在创业项目上的投入天数、投入小时数以及雇佣员工数量的影响。由表6-6可知，总的来说，住房财富增加，放松预算约束，会使得家庭成员增加闲暇时间，显著减少家庭成员在创业项目上的投入天数和投入小时数，显著增加雇佣员工的数量，减少家庭成员在创业项目上的劳动供给。

表6-6　住房财富与家庭成员在创业项目上的劳动供给

被解释变量	投入天数	投入小时数	雇佣员工数量	投入天数	投入小时数	雇佣员工数量
			关注变量			
住房价值	-0.0137** (0.0068)	-0.0244** (0.0099)	0.0372** (0.0155)	—	—	—

续表

被解释变量	投入天数	投入小时数	雇佣员工数量	投入天数	投入小时数	雇佣员工数量
住房净财富	—	—	—	−0.0107** (0.0054)	−0.0199** (0.0080)	0.0179 (0.0125)
家庭特征	Control	Control	Control	Control	Control	Control
户主特征	Control	Control	Control	Control	Control	Control
宏观经济变量	Control	Control	Control	Control	Control	Control
个体固定效应	YES	YES	YES	YES	YES	YES
时间固定效应	YES	YES	YES	YES	YES	YES
N	3055	3048	3120	3055	3048	3120
R^2	0.0011	0.0102	0.2467	0.0010	0.0098	0.2394
F 统计量	1.00	1.74**	3.36***	0.99	1.74**	3.19***

注：** 和 *** 分别表示在 5% 和 1% 水平上显著。

6.5.5 住房财富对家庭创业失败的影响

本部分考察住房财富的增加是否会降低家庭创业失败的概率。本章将创业失败定义为，对于 2015 年创业的城镇有房家庭，2017 年没有创业的概率。表 6-7 给出了具体的实证回归结果。由表 6-7 可知，住房价值和住房净财富的增加，降低了家庭创业失败的概率。可能的解释是，企业经营是一种承担风险的行为（Knight，1921）。住房财富增加，能够为生产经营活动提供营运资本，在一定程度上缓解了企业破产的风险，从而对家庭创业失败有显著负向影响。

表 6-7 住房财富与家庭创业失败

被解释变量	创业失败 （1）	创业失败 （2）
关注变量		
住房价值	−0.0188** (0.0077)	—
住房净财富	—	−0.0137** (0.0062)
家庭特征	Control	Control

被解释变量	创业失败 （1）	创业失败 （2）
户主特征	Control	Control
宏观经济变量	Control	Control
个体固定效应	YES	YES
时间固定效应	YES	YES
N	5122	5122
R^2	0.2934	0.2939
F 统计量	91.23***	91.15***

注：**和***分别表示在5%和1%水平上显著。

综合表6-3~表6-7可以看出，住房价值和住房净财富等住房财富能够显著提高城镇家庭新增创业的概率。对于已经创业的家庭，住房财富增加，不仅对经营规模有显著正向影响，对经营绩效也有显著正向影响，并且，会减少家庭成员在创业项目上的劳动供给，增加雇佣员工的数量。此外，住房财富增加还能显著降低家庭创业失败的概率。

6.6 住房财富对家庭创业决策的异质性影响

6.6.1 区域差异

在关于创业问题的研究中，有两个异质性现象值得关注：一个是区域差异，另一个是创业者自身特征差异。接下来将从这两个方面考察住房财富对家庭创业决策的异质性影响。关于区域差异，将样本分为东中西地区和一二三四五线城市来分析。第一，住房财富在不同地区的异质性。表6-8报告了具体的分样本回归结果。由表6-8可知，住房价值和住房净财富对东部地区的家庭创业活动的正向影响小于中西部地区。第二，住房财富在不同规模城市的异质性。表6-9报告了具体的分样本回归结果。由表6-9可知，住房价值和住房净财富对一二线城市的家庭创业活动没有显著影响，对三四五线城市的家庭创业活动有显著正向影响。

表6-8　异质性分析：不同地区

被解释变量	新增创业			
	东部地区 （1）	东部地区 （2）	中西部地区 （3）	中西部地区 （4）
住房价值	0.0044** （0.0022）	—	0.0083*** （0.0028）	—
住房净财富	—	0.0041** （0.0020）	—	0.0079*** （0.0023）
家庭特征	Control	Control	Control	Control
户主特征	Control	Control	Control	Control
宏观经济变量	Control	Control	Control	Control
个体固定效应	YES	YES	YES	YES
时间固定效应	YES	YES	YES	YES
N	12896	12896	10388	10388
R^2	0.0673	0.0674	0.1420	0.1418
F统计量	67.04***	67.07***	53.96***	54.11***

注：**和***分别表示在5%和1%水平上显著。

综合表6-8、表6-9可以看出，住房财富对中西部地区和三四五线城市的家庭创业决策有更大的影响，可能的解释是，中西部地区和三四五线城市经济欠发达，创新创业政策普及度低，政策支持力度小，创业难度更大。正如前文所述，由于住房财富的增加提高了信贷可得性，为家庭提供了创业所需的初始资本，因而降低了创业难度，因此，它对中西部地区、三四五线城市的家庭创业的促进作用更显著①。

————————

① 从不同规模城市新增创业的比例来看，一二线城市新增创业的比例为5.45%，低于三四五线城市新增创业的比例（8.17%）。虽然一二线城市房价上涨的更快，由于三四五线城市本身新增创业的比例更高，因此在三四五线城市住房财富对创业的影响更大。

表6-9 异质性分析：不同规模城市

被解释变量	新增创业			
	一二线城市（1）	一二线城市（2）	三四五线城市（3）	三四五线城市（4）
住房价值	0.0031 （0.0020）	—	0.0120*** （0.0031）	—
住房净财富	—	0.0024 （0.0018）	—	0.0116*** （0.0026）
家庭特征	Control	Control	Control	Control
户主特征	Control	Control	Control	Control
宏观经济变量	Control	Control	Control	Control
个体固定效应	YES	YES	YES	YES
时间固定效应	YES	YES	YES	YES
N	13498	13498	9786	9786
R^2	0.1260	0.1259	0.1570	0.1563
F统计量	65.16***	65.13***	57.69***	57.94***

注：***表示在1%水平上显著。

6.6.2 人力资本差异

人力资本是影响家庭创业决策的关键因素之一。受教育水平和健康水平是两种主要的人力资本形式。关于创业者自身特征差异，将样本分为不同受教育程度和不同身体健康状况来分析。第一，住房财富在不同受教育水平的异质性。表6-10报告了具体的分样本回归结果。由表6-10可知，住房价值和住房净财富对户主受过高等教育的家庭创业活动没有显著影响，对户主未受过高等教育的家庭创业活动有显著正向影响。第二，住房财富在不同健康水平的异质性。表6-11报告了具体的分样本回归结果。由表6-11可知，住房价值和住房净财富对户主身体不好的家庭创业活动没有显著影响，对户主身体健康的家庭创业活动有显著正向影响。

表 6-10　异质性分析：不同受教育程度

被解释变量	新增创业			
	高等教育 （1）	高等教育 （2）	未接受高等教育 （3）	未接受高等教育 （4）
住房价值	0.0044 （0.0052）	—	0.0059*** （0.0018）	—
住房净财富	—	0.0018 （0.0041）	—	0.0063*** （0.0016）
家庭特征	Control	Control	Control	Control
户主特征	Control	Control	Control	Control
宏观经济变量	Control	Control	Control	Control
个体固定效应	YES	YES	YES	YES
时间固定效应	YES	YES	YES	YES
N	2492	2492	20792	20792
R^2	0.0814	0.0805	0.1484	0.1487
F 统计量	13.28***	13.24***	106.41***	106.68***

注：***表示在1%水平上显著。

表 6-11　异质性分析：不同身体状况

被解释变量	新增创业			
	身体健康 （1）	身体健康 （2）	身体不好 （3）	身体不好 （4）
住房价值	0.0056*** （0.0021）	—	0.0035 （0.0045）	—
住房净财富	—	0.0052*** （0.0018）	—	0.0048 （0.0041）
家庭特征	Control	Control	Control	Control
户主特征	Control	Control	Control	Control
宏观经济变量	Control	Control	Control	Control
个体固定效应	YES	YES	YES	YES
时间固定效应	YES	YES	YES	YES
N	19655	19655	3629	3629
R^2	0.1449	0.1449	0.0267	0.0272

被解释变量	新增创业			
	身体健康 （1）	身体健康 （2）	身体不好 （3）	身体不好 （4）
F 统计量	108.42***	108.48***	4.57***	4.61***

注：***表示在1%水平上显著。

综合表6-10、表6-11可以看出，住房财富对户主未接受过高等教育和户主身体健康的家庭创业决策有更大的影响。可能的解释是，户主未接受过高等教育的家庭，由于受教育水平有限，缺乏对创业相关知识和政策的了解，社会网络资源不足，没有外部途径融资，只能依靠自有资本。创业是一项高风险的活动，除了大量的物质资本外，在创业初期，还需要投入大量的时间和精力，身体健康的家庭，面临更低的健康风险，精力更加充沛，因此，它对户主未接受过高等教育和户主身体健康的家庭创业的促进作用更显著。

6.7 住房财富影响家庭创业决策的进一步分析

6.7.1 住房财富对家庭新增主动创业的影响

熊彼特强调，企业家精神是创新的主动力。中国目前仍处于由生存型创业向机会型创业的过渡阶段（尹志超等，2015）。因此本章进一步考察，住房财富在对家庭新增创业有积极促进作用的同时，是否会提高家庭新增主动创业的概率。借鉴尹志超等（2019）的做法，将CHFS问卷中"您家从事工商业的主要原因"这一问题选择"从事工商业能挣得更多""理想爱好/想自己当老板"和"更灵活、自由自在"视为主动创业。现有文献在研究创业动机这一问题时，存在着两方面的局限性。首先，他们仅仅考察了已经创业家庭的创业动机，可能会存在样本选择问题，从而导致估计结果存在偏误。其次，为了考虑家庭创业决策对创业动机的影响，现有文献也采用Heckman两阶段选择模型进行修正，前提条件必须包含一个只影响创业决策而不影响创业动机的变量，但现有文献没有解决这一问题。由于本章运用两年的平衡面板数据，能够识别出两年内家庭的新增主动创业。表6-12给出了具体的实证回归结果。由表6-12可知，住房价值和住房净财富均对提高家庭新增主动创业的概率发挥着重要作用。

表6-12 住房财富与家庭新增主动创业：差分模型

被解释变量	主动创业 （1）	主动创业 （2）
关注变量		
Δ 住房价值	0.0025*** （0.0006）	—
Δ 住房净财富	—	0.0023*** （0.0006）
Δ 家庭特征	Control	Control
Δ 户主特征	Control	Control
Δ 宏观经济变量	Control	Control
省区固定效应	YES	YES
N	11632	11632
R^2	0.0673	0.0671
F 统计量	6.83***	6.81***

注：***表示在1%水平上显著。

6.7.2 住房财富对家庭未来创业意愿的影响

创业意愿作为家庭创业研究领域中的重要议题之一，是家庭能否最终实施创业行为的前提和基础（朱红根、康兰媛，2013）。具有创业动机的居民，并且对包括创立企业的程序、项目发展现状和前景、创立企业资金税收方面的要求、当前的技术标准等都很熟悉，却没有选择创业，可能的原因之一，就是不具备创业物质实力。住房财富的增加，能够为创业提供充足的物质资本，从而激发家庭创业的意愿。因此，这里想进一步研究，住房财富对家庭创业意愿的影响。在本章的样本中，2015年和2017年均未创业的家庭有10874户。CHFS问卷中针对没有从事工商业生产经营的家庭，会询问未来是否打算开展工商业生产经营项目。表

6-13 给出了具体的实证回归结果。由表 6-13 可知，住房财富的增加，显著提高了家庭未来创业的意愿。

表 6-13 住房财富与家庭创业意愿：差分模型

被解释变量	创业意愿 （1）	创业意愿 （2）
关注变量		
Δ 住房价值	0.0036*** （0.0009）	—
Δ 住房净财富	—	0.0033*** （0.0008）
Δ 家庭特征	Control	Control
Δ 户主特征	Control	Control
Δ 宏观经济变量	Control	Control
省区固定效应	YES	YES
N	10790	10790
R^2	0.0337	0.0334
F 统计量	7.19***	7.15***

注：***表示在 1% 水平上显著。

6.7.3 住房财富对家庭不同类型创业的影响

Ardagna 和 Lusardi（2010）认为，个人从事创业活动有不同的目的，包括实现就业和寻求商业机会。因此，本章借鉴阮荣平等（2014）和周广肃等（2015）的做法，把创业活动分为自雇型创业和老板型创业两种类型，并分别估计住房财富对这两类创业活动的影响差异。根据 CHFS 问卷中关于工商业生产经营活动的雇员数量这一问题，这里将雇员数量为 0 定义为自雇型创业，将雇员数量大于 0 定义为老板型创业。表 6-14 Panel A 给出了具体的实证回归结果。由表 6-14 Panel A 可知，无论是住房价值还是住房净财富，对自雇型创业均无显著影响，但是对老板型创业有显著正向影响，说明住房财富主要是提高了老板型创业的概率。

表6-14 住房财富与家庭不同类型创业：差分模型

	Panel A			
被解释变量	自雇型创业（1）	自雇型创业（2）	老板型创业（3）	老板型创业（4）
	关注变量			
Δ住房价值	0.0006（0.0006）	—	0.0019***（0.0004）	—
Δ住房净财富	—	0.0005（0.0006）	—	0.0020***（0.0004）
Δ家庭特征	Control	Control	Control	Control
Δ户主特征	Control	Control	Control	Control
Δ宏观经济变量	Control	Control	Control	Control
省区固定效应	YES	YES	YES	YES
N	11608	11608	11608	11608
R^2	0.0429	0.0429	0.0698	0.0698
F统计量	5.87***	5.87***	3.80***	3.79***
	Panel B			
被解释变量	互联网创业（1）	互联网创业（2）	小微企业（3）	小微企业（4）
	关注变量			
Δ住房价值	0.0005*（0.0003）		0.0025***（0.0007）	
Δ住房净财富		0.0005*（0.0003）		0.0024***（0.0007）
Δ家庭特征	Control	Control	Control	Control
Δ户主特征	Control	Control	Control	Control
Δ宏观经济变量	Control	Control	Control	Control
省区固定效应	YES	YES	YES	YES
N	11635	11635	11608	11608
R^2	0.0128	0.0128	0.0933	0.0932
F统计量	1.86***	1.86***	11.46***	11.44***

注：*和***分别表示在10%和1%水平上显著。

2014年3月的《政府工作报告》首次提出鼓励"互联网金融"健康发展，2015年的《政府工作报告》提出"互联网+"的行动计划，鼓励让互联网与传统行业进行深度融合，创造新的发展生态。这一战略为解决中小企业融资，推动创新创业发展提供了新的机遇（谢绚丽等，2018）。因此，在移动支付等互联网金融蓬勃发展的大数据时代，本章想研究住房财富是否对互联网创业有显著影响。CHFS 问卷中询问了工商业生产经营项目的经营形式，这里将选择"网络经营"和"两者皆有"的视为互联网创业。表 6-14 Panel B 第（1）列和第（2）列报告了主要的实证回归结果。由表 6-14 Panel B 第（1）列和第（2）列可知，住房财富增加在 10% 的水平上显著促进互联网创业，但边际影响很小。可能的原因是，实体创业具有总体投资大、风险高的特点。互联网创业不需要投入包括门面、员工等固定成本，所需要的初始资本不多，因此住房财富对互联网创业影响微弱。

在大多数发展中国家，小型非正规企业是劳动力就业的主要来源（De Mel et al.，2008）。中小企业是中国经济的中坚，保障了 80% 以上的城镇劳动就业。党的十七大提出"实施扩大就业的发展战略，促进以创业带动就业"的总体部署，2008 年 9 月出台的《关于促进以创业带动就业工作的指导意见》指出，鼓励和支持个体私营等非公有制经济和中小企业发展，扩大创业领域。因此，这里进一步考察了住房财富对小微企业创业的影响。谢绚丽等（2018）根据工商注册资本将创业企业按照规模分为三类。由于 CHFS 问卷中没有关于注册资本的问题，根据中国《中小企业划型标准规定》以及借鉴尹志超和马双（2015）的做法，本章选定了雇佣员工数量小于 100 人的家庭工商生产经营项目作为小型和微型企业的界定①。表 6-14 Panel B 第（3）列和第（4）列报告了主要的回归结果。由表 6-14 Panel B 第（3）列和第（4）列可知，住房财富对新创小微企业有显著正向影响，说明住房财富的增加，能够显著促进小微企业的创立和发展。

6.7.4　住房的双重属性

根据 CHFS 数据，在有房家庭中，拥有多套房的家庭 2013 年、2015 年和 2017 年占比分别为 16.5%、17.43% 和 18.75%。说明近年来，拥有多套房的家庭

---

① 本章也根据国家统计局印发的《统计上大中小微型企业划分办法（2017）》和尹志超等（2019）的做法，将微型企业定义为人员在 10 人以下的企业。结论依然成立，住房财富显著促进微型企业的创立。

比例在不断增加。接下来想进一步研究，房屋数量对城镇家庭新增创业的影响。表6-15给出了具体的实证回归结果。由表6-15可知，房屋数量对家庭新增创业的边际效应为0.0138，可见房屋数量越多，能够显著提高城镇家庭新增创业的概率。

表6-15　房屋数量与家庭新增创业

被解释变量	新增创业
关注变量	
房屋数量	0.0138 *** （0.0039）
家庭特征	Control
户主特征	Control
宏观经济变量	Control
个体固定效应	YES
时间固定效应	YES
N	23255
R^2	0.1396
F 统计量	117.87 ***

注：*** 表示在1%水平上显著。

住房具有居住和投资双重属性。首套房一般难以变现，主要表现出居住属性；多套房则更多表现出投资属性。接下来本章进一步研究，究竟是住房的居住属性还是投资属性对城镇家庭新增创业的作用更大？为了区分住房的消费属性和投资属性，分别估计首套房增值和多套房增值对城镇家庭新增创业的影响。表6-16给出了具体的实证回归结果。由表6-16可知，住房的消费属性对家庭从事创业活动没有显著影响，住房的投资属性对提高城镇家庭创业的概率有重要作用。

表 6-16　不同数量住房价值与家庭新增创业

表 6-16　不同数量住房价值与家庭新增创业

被解释变量	新增创业 （1）	新增创业 （2）
关注变量		
首套房价值	0.0021 （0.0014）	—
多套房价值	—	0.0054*** （0.0012）
家庭特征	Control	Control
户主特征	Control	Control
宏观经济变量	Control	Control
个体固定效应	YES	YES
时间固定效应	YES	YES
N	23284	23284
R^2	0.1401	0.1390
F 统计量	117.70***	118.62***

注：***表示在1%水平上显著。

6.7.5　生命周期效应

根据生命周期理论，处于不同年龄段，家庭的消费、储蓄等经济行为有显著差异。接下来本章考察，对于不同年龄段的家庭，住房增值对家庭创业行为的影响是否也存在显著差异。表 6-17 报告了具体的实证回归结果。由表 6-17 可知，住房增值对中年家庭的创业活动有显著影响，但是对青年家庭和老年家庭的创业活动没有显著影响，可能的解释是，创业活动是一项高风险的活动，因而对老年人的激励作用不明显。创业通常存在一个最低的资本门槛（Evans and Jovanovic，1989；尹志超等，2015）。青年家庭由于物质资源不充裕，因而无法成功跨越创业所需资金的门槛。

表 6-17　不同年龄段：住房价值与新增创业

被解释变量	新增创业（16~35岁）	新增创业（35~65岁）	新增创业（65岁以上）
关注变量			
住房价值	0.0130 （0.0106）	0.0074*** （0.0026）	0.0026 （0.0021）

续表

被解释变量	新增创业（16~35 岁）	新增创业（35~65 岁）	新增创业（65 岁以上）
家庭特征	Control	Control	Control
户主特征	Control	Control	Control
宏观经济变量	Control	Control	Control
个体固定效应	YES	YES	YES
时间固定效应	YES	YES	YES
N	1542	15039	6703
R^2	0.1674	0.1573	0.0911
F 统计量	11.14***	72.09***	13.41***

注：***表示在1%水平上显著。

6.8 住房财富影响家庭创业决策的机制检验

住房财富为什么显著促进家庭新增创业？本节将探讨背后的作用机制。中国是一个发展中国家，存在着许多与信息有关的障碍，这些障碍可能会阻碍信贷可得和创业活动（Yueh，2009）。Banerjee 和 Newman（1993）也强调，在以不完善的信贷市场、供应链和产品市场为特征的发展中经济体，创业是一项具有挑战性的活动。现有文献发现，融资可得性对新创企业的成立有重要影响（朱红根、康兰媛，2013）。根据前文的理论分析，创业是创新、就业和经济发展的重要来源。资金匮乏和融资困难是制约家庭从事创业活动的桎梏。由于信贷配给的存在，金融市场约束可能成为影响家庭创业决策的重要因素。住房财富作为家庭的信贷来源（Beracha et al.，2017），通过信贷效应，增加创业的初始资金、缓解创业的财务约束。一方面，住房具备充当贷款抵押物的属性，能够作为向银行等正规金融机构贷款的抵押品；另一方面，对于受到信贷配给的家庭，住房财富增加，也能够作为一种信号传递给亲朋好友，有助于获得非正规借贷。

表6-18 报告了具体的实证回归结果。其中，第（1）列和第（3）列是对工

商业正规借贷的影响，第（2）列和第（4）列是对工商业民间借贷的影响，由表 6-18 可知，住房价值和住房净财富对工商业正规借贷均有显著正向影响，均在 1% 的水平上显著。住房价值对工商业民间借贷的影响不显著，住房净财富对工商业民间借贷有显著正向影响，且在 10% 的水平上显著。总体来看，住房主要发挥抵押品的作用，对工商业正规借贷的作用更大且更显著。说明住房财富增加，有助于克服创业所面临的障碍，改善融资条件，提高信贷可得性。实证结果证实了假设 2。

表 6-18　机制检验：住房财富与工商业信贷可得性

被解释变量	正规借贷 （1）	民间借贷 （2）	正规借贷 （3）	民间借贷 （4）
关注变量				
住房价值	0.0016*** （0.0005）	0.0002 （0.0006）	—	—
住房净财富	—	—	0.0020*** （0.0005）	0.0008* （0.0005）
家庭特征	Control	Control	Control	Control
户主特征	Control	Control	Control	Control
宏观经济变量	Control	Control	Control	Control
个体固定效应	YES	YES	YES	YES
时间固定效应	YES	YES	YES	YES
N	23284	23284	23284	23284
R^2	0.0851	0.0584	0.0856	0.0590
F 统计量	65.35***	44.60***	65.77***	44.72***

注：* 和 *** 分别表示在 10% 和 1% 水平上显著。

那么，住房财富除促进家庭工商业信贷可得性之外，是否能缓解家庭受到的流动性约束呢？现有文献发现，流动性约束的存在，会将没有充足资金的家庭排斥在创业市场之外（Evans and Jovanovic，1989），是阻碍家庭创业的关键。Paulson 和 Townsend（2004）发现，越富裕的家庭在创业活动中面临更少的约束。Holtz-Eakin 等（1994）研究了遗产这一意外收获对家庭创业决策的影响，发现遗产的增加能够提高流动性，从而缓解了家庭面临的流动性约束。Blanchflower 和 Shadforth（2007）研究发现，上涨的房价能缓解流动性约束。Connolly 等（2015）发现，即使住房没有充当抵押品，住房净财富的增加也能缓解借款者的资金约束。可见，住房发挥财富创造功能（Beracha et al.，2017），住房财富的增加，通过财富效应，缓解家庭面临的流动性约束。

表 6-19 给出了具体的实证回归结果。其中，第（1）列和第（3）列是对流动性约束 1 的影响，第（2）列和第（4）列是对流动性约束 2 的影响，由表 6-19 可知，住房价值和住房净财富对流动性约束 1 均有显著负向影响，分别在 10% 和 1% 的水平上显著。住房净财富对流动性约束 2 也有显著负向影响，且在 10% 的水平上显著。总体来看，住房价值和住房净财富对家庭的流动性约束有显著负向影响，实证结果证实了假设 3。

表 6-19　机制检验：住房财富与流动性约束

被解释变量	流动性约束 1 （1）	流动性约束 2 （2）	流动性约束 1 （3）	流动性约束 2 （4）
关注变量				
住房价值	−0.0071* （0.0039）	−0.0059 （0.0045）	—	—
住房净财富	—	—	−0.0089*** （0.0034）	−0.0071* （0.0040）
家庭特征	Control	Control	Control	Control
户主特征	Control	Control	Control	Control
宏观经济变量	Control	Control	Control	Control
个体固定效应	YES	YES	YES	YES
时间固定效应	YES	YES	YES	YES
N	23284	23284	23284	23284
R^2	0.2648	0.1178	0.2659	0.1177
F 统计量	73.95***	43.97***	74.12***	44.05***

注：*和***分别表示在 10% 和 1% 水平上显著。

6.9　住房财富影响家庭创业决策的稳健性检验

6.9.1　一阶差分估计

本部分将从不同角度进行回归，以进一步检验实证结果的稳健性。这里将控制变量进行差分后保留 2017 年的样本，考察解释变量的变化量对 2017 年创业概率的影响。由表 6-20 的实证结果可知，虽然边际影响相比表 6-3 来说有所降低，但依然非常显著，前文结论依然成立。

表 6-20　住房财富与家庭新增创业：差分模型

被解释变量	新增创业 （1）	新增创业 （2）
关注变量		
Δ 住房价值	0. 0029 *** （0. 0007）	—
Δ 住房净财富	—	0. 0028 *** （0. 0007）
Δ 家庭特征	Control	Control
Δ 户主特征	Control	Control
Δ 宏观经济变量	Control	Control
省区固定效应	YES	YES
N	11642	11642
R^2	0. 0974	0. 0973
F 统计量	12. 25 ***	12. 24 ***

注：*** 表示在 1% 水平上显著。

6.9.2　替换被解释变量

自我雇佣是创业的最初形态。现有文献在研究创业问题时普遍将"个体工商户"和"自由职业者"也视为创业活动（Djankov et al.，2006；Yueh，2009；Wang，2012；Li and Wu，2014；张龙耀、张海宁，2013；陈刚，2015）。因此，为了检验实证结果的稳健性，本部分借鉴他们的做法，从个人层面定义了被解释变量。具体地，将经营个体或私营企业、自主创业、开网店以及自由职业视为创业。表6-21给出了具体的实证回归结果。由表6-21可知，住房财富对新增自我雇佣有正向促进作用，尽管住房价值对新增自我雇佣的影响不显著，但依然为正。

表6-21　住房财富与家庭新增自我雇佣

被解释变量	新增自我雇佣 （1）	新增自我雇佣 （2）
关注变量		
住房价值	0.0027 （0.0021）	—
住房净财富	—	0.0032* （0.0018）
家庭特征	Control	Control
户主特征	Control	Control
宏观经济变量	Control	Control
个体固定效应	YES	YES
时间固定效应	YES	YES
N	23646	23646
R^2	0.1208	0.1210
F统计量	99.69***	99.77***

注：*和***分别表示在10%和1%水平上显著。

6.9.3　工具变量估计

前文已经讨论了可能存在的内生性问题。但一些随着时间变化的不可观测的变量，如地区经济发展、基础设施建设和环境改善等，会同时影响住房财富和家庭创业，导致严格外生性不满足，也可能会使得估计结果存在偏差。因此，这里选取住房单价①作为住房财富的工具变量，运用 IV+FE 的方法进行实证检验。表 6-22 给出了具体的实证回归结果。由表 6-22 可知，住房财富依然显著促进城镇家庭新增创业，证实了估计结果的可靠性。

表 6-22　住房财富与家庭新增创业：工具变量估计

被解释变量	新增创业 （1）	新增创业 （2）
关注变量		
住房价值	0.0055* （0.0032）	—
住房净财富	—	0.0050* （0.0029）
家庭特征	Control	Control
户主特征	Control	Control
宏观经济变量	Control	Control
个体固定效应	YES	YES
时间固定效应	YES	YES
N	21785	21785
R^2	0.1371	0.1371
第一阶段 F 值	337.21***	261.84***
工具变量 t 值	82.46***	73.67***

注：*和***分别表示在10%和1%水平上显著。

6.9.4　无自有住房家庭

为了全面考察住房财富对家庭创业的影响，这里将样本限定在无自有住房家庭。对于无自有住房家庭，问卷中询问了目前所居住的房屋市价和使用面积。因此，能准确计算出目前居住房屋的住房价值。表 6-23 报告了具体的实证回归结果。由表 6-23 可知，对于无自有住房的家庭来说，即使目前所居住房屋增值，

① 需要说明的是，本章用住房价值与住房建筑面积的比值衡量住房单价。其中，2015 年是最多三套房的价值与三套房的面积之比，2017 年是最多六套房的价值与六套房的面积之比。在实证回归中，剔除了建筑面积为 0 的 1499 个样本。

依然不会影响家庭创业决策，说明只有自有房屋的住房财富才能发挥作用，也从侧面反映出房屋所有权的重要性。

表 6-23　住房财富与家庭新增创业：无自有住房家庭

被解释变量	新增创业
关注变量	
住房价值	0.0122 （0.0106）
家庭特征	Control
户主特征	Control
宏观经济变量	Control
个体固定效应	YES
时间固定效应	YES
N	1234
R^2	0.1506
F 统计量	5.61***

注：***表示在1%水平上显著。

6.10　本章小结

中国城镇家庭不断增长的住房财富是否能够促进家庭创业？本章基于2015年和2017年中国家庭金融调查的微观面板数据，运用固定效应和差分模型，实证分析了住房财富对城镇家庭新增创业的影响。本章的研究结论主要有：

第一，住房财富对家庭创业具有显著正向影响。住房价值对城镇家庭新增创业的边际效应为0.57%，在1%的水平上显著；住房净财富对城镇家庭新增创业的边际效应为0.56%，在1%的水平上显著。可见，住房财富是家庭创业的助推器，对促进家庭创业具有积极作用。

第二，住房财富对创业家庭的经营活动具有重要影响。住房财富显著扩大了创业家庭的经营规模,提高了创业家庭的经营绩效,并且显著降低了家庭成员在创业项目上的劳动供给,减少了投入天数和投入小时数,扩大了雇佣员工的数量。

第三,住房财富对创业决策的作用在不同区域和不同人群存在异质性。研究发现,住房财富在三四五线城市和中西部地区对促进家庭创业发挥更为显著的作用;住房财富对户主非高等教育和户主身体健康的家庭创业有更为显著的影响。

第四,住房财富在不同类型创业中发挥不同的作用。本章发现,住房财富不仅对促进家庭创业有积极作用,还促进了家庭主动创业,促进了老板型创业和小微企业创业。住房财富不仅提高了家庭未来创业的意愿,还降低了家庭创业失败的概率。

第五,住房财富影响创业的机制主要是信贷效应和财富效应。住房财富通过提高工商业信贷可得性和缓解家庭面临的流动性约束,充当家庭创业的初始资本,使得家庭跨越创业所需的资金门槛,从而促进家庭创业。

从家庭特征变量看,老人数量和小孩数量对创业的影响显著为负,家庭规模对创业的影响显为正。家庭拥有自有车辆、家庭净财富对家庭创业具有显著正向影响,家庭收入对家庭创业具有显著负向影响。从户主特征变量看,户主已婚、户主受教育年限和户主健康状况对家庭创业的概率均无显著影响,户主有工作显著提高家庭进行创业活动的概率。从宏观经济变量看,地区商业用地价格对创业有显著负向影响,人均GDP、地区失业率和私营部门平均工资对城镇家庭新增创业没有显著影响,地区CPI显著正向影响家庭创业。

7 住房财富与家庭劳动供给

7.1 不断下降的劳动参与率

就业问题是重要的民生问题。党的十九大报告指出："就业是最大的民生。要坚持就业优先战略和积极就业政策，实现更高质量和更充分就业。"《中华人民共和国国民经济和社会发展第十四个五年规划和 2035 年远景目标纲要》中明确推行"就业优先战略"，2021 年 12 月的中央经济工作会议也强调了就业优先政策，"提高经济增长的就业带动力"。然而，中国的人口结构正在发生巨大的变化，较低的出生率和死亡率使得老龄化现象突出，人口红利正在逐渐消失。根据北京师范大学劳动力市场研究中心发布的《2016 中国劳动力市场发展报告》，中国劳动力市场变革的一大特征就是劳动参与率呈现下降趋势。图 7-1 右轴描述了 2000~2018 年 15 岁及以上总劳动参与率、男性劳动参与率和女性劳动参与率。由图 7-1 可知，无论是总劳动参与率，还是分性别来看，随着时间的推移，劳动参与率均在不断下降，且女性劳动参与率相对于男性劳动参与率下降得更为迅速。此外，根据国家统计局数据①，2019 年 15~64 岁劳动年龄人口为 98910 万人，相比 2018 年减少了 447 万人。劳动人口的减少也非常明显。

---

① 国家统计局. 中国统计年鉴［M］. 北京：中国统计出版社，2020.

是什么原因导致劳动供给在不断减少呢？相关文献从不同角度进行了研究。对于中年男性和女性来说，家庭照料是一项重要原因（刘岚等，2016）。对于农村老年人来说，新农保、新农合等养老金收入也会使得他们减少劳动供给（黄宏伟等，2014；刘凌晨、曾益，2016；张川川等，2014；张川川，2015）。对于城镇家庭来说，城镇企业职工养老保险等社会保障也是重要因素（程杰，2014；刘子兰等，2019）。此外，健康水平无论对农民工还是中老年人来说，都是参与劳动力市场必须考虑的关键因素（秦立建等，2012；李琴等，2014；杨志海等，2015；童玉芬、廖宇航，2017；邓睿，2019）。本章另辟角度，将从住房财富的视角解释劳动供给减少这一现象。

住房问题作为不容忽视的民生问题，房地产市场的健康平稳发展一直是政策制定者追求的目标。1998 年 7 月的住房制度改革标志着住房商品化时代的到来，伴随而来的房地产市场的繁荣发展使得房价在总体上快速上涨，全国商品房销售均价从 2000 年的 2112 元上涨到 2018 年的 8737 元。清华大学恒隆房地产研究中心[①]考虑了同质住房价格变化，发现 2004~2016 年全国房价上涨了 6.37 倍，平均每年上涨 16.68%，远超居民收入增长速度。综观图 7-1 可以看出，从时间节点来看，劳动参与率下降的时间段恰好与中国房价快速上涨时期相吻合，住房价格和劳动参与率呈现负相关关系，这为本章的研究提供了重要的现实基础。

根据《2017 中国城镇住房空置分析》报告[②]，中国家庭拥有住房的比例为 92.8%，其中城镇家庭的住房拥有率为 90.2%。房价的快速上涨使得家庭资产负债表的财富发生巨大的变化。住房增值后，家庭获得了额外的财富，根据劳动供给理论，这将激励个体把更多时间用于闲暇而减少劳动。那么，住房增值与家庭成员的劳动供给之间是否存在因果关系呢？本章将通过理论分析和实证检验尝试做出解答，并为转型时期我国住房制度的完善和劳动力市场的平稳发展提供政策参考。

本章研究住房财富与个体劳动供给的关系。首先，实证分析了住房财富升值对家庭成员劳动参与决策和劳动时间的影响。其次，研究了住房财富升值对家庭

---

① 参见官网：http://www.cre.tsinghua.edu.cn/publish/cre/index.html。
② 该报告由中国家庭金融调查与研究中心发布，https://chfs.swufe.edu.cn/info/1031/1471.htm。

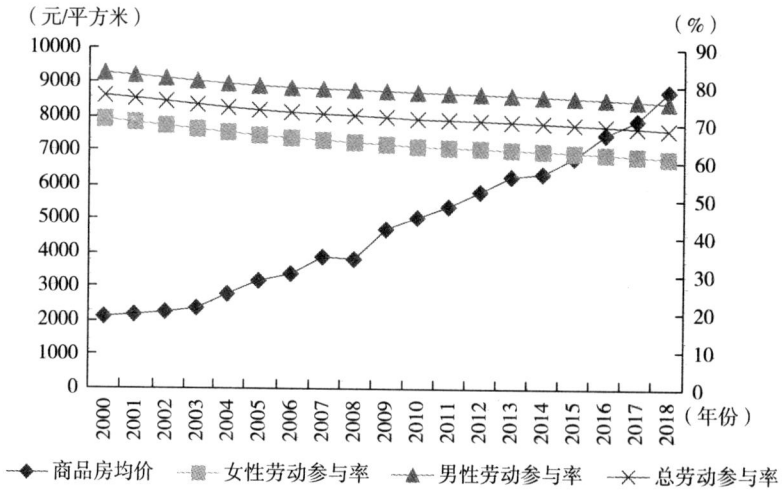

图 7-1 2000~2018 年商品房均价及 15 岁及以上劳动参与率

资料来源：商品房均价来源于《中国统计年鉴》，劳动参与率来源于世界银行数据库。

工作人数以及工作人数占适龄劳动力比例的影响。最后，分性别、分年龄段、分不同城市规模、分不同收入水平、分不同住房属性进行异质性分析并对主要结论进行稳健性检验。

7.2 理解住房财富与家庭劳动供给

7.2.1 劳动供给的影响因素

关于影响劳动供给的因素，现有文献主要从以下几个方面进行了研究：第一，意外收获。Imbens 等（2001）研究发现，彩票中奖这一随机事件使得闲暇时间增加，劳动收入减少。彩票中奖对接近退休年龄的人的影响更大，对已经退休的人没有显著影响。此外，Holtz-Eakin 等（1993）、Brown 等（2010）发现遗产和遗赠会降低劳动参与的概率，减少劳动时间。但是 Joulfaian 和 Wilhelm

（1994）却发现遗产并没有导致男性和已婚女性劳动供给的大幅度减少。第二，一些自然实验如新农保和个人所得税改革等也会影响劳动供给。叶菁菁等（2017）运用中国家庭金融调查 2011 年和 2013 年的数据，采用双重差分法、固定效应模型以及断点回归设计，评估了个人所得税改革对个体劳动供给决策的影响。研究发现，个人所得税改革提高了个体的劳动参与率，但对劳动力的工作时长没有显著的影响。研究还发现，税改对中高收入阶层的劳动激励程度高于低收入群体。张世伟和周闯（2010）则运用行为微观模拟方法研究了工薪所得税减除费用标准提升的劳动供给效应、收入分配效应和财政效应。关于新型农村社会养老保险政策对劳动供给的影响，已被大量国内学者研究（程杰，2014；黄宏伟等，2014；张川川等，2015；解垩，2015；李江一、李涵，2017）。第三，家庭内部结构等其他因素也会影响劳动供给。Altonji 和 Dunn（2000）运用 NLS（National Longitudinal Surveys of Labor Market Experience）面板数据，采用因子模型，研究父母或兄弟姐妹的工资率和工作偏好对青年男性和女性工资和工作时长的影响。研究发现，劳动供给在家庭成员之间具有相似性。Hyslop（2001）运用 CPS（Current Population Survey）和 PSID 数据，研究了家庭收入不平等与家庭劳动供给之间的关系。Keane 和 Wolpin（1997）研究发现，实际工资、职业类型、是否上过学、是否参军以及是否工作过都会影响年轻男性的就业决策。French（2005）研究发现，社会保障的税收结构和养老金是退出劳动力市场的关键因素，健康水平和预算约束则不是很重要的因素。

女性往往承担着家庭照料和挣取收入的双重角色。对于女性劳动供给来说，照料老人和小孩是重要因素。实证研究发现正反两方面的证据，没有得出一致结论。一些研究发现，女性为了照顾老人和小孩，会减少劳动供给（Hotz and Miller，1988；Connelly，1992；范红丽、陈璐，2015；蒋承、赵晓军，2009；黄枫，2012；马焱、李龙，2014）。另一些研究却发现，家庭老人和小孩数量越多，女性反而会提高劳动参与率。由于代际支持是家庭照料的重要来源，老人可协助女性料理家务、照看小孩，减轻女性的家务负担，这已被沈可等（2012）研究证实。Attanasio 等（2008）则研究了生命周期框架下已婚女性劳动供给的变化。通过对 PSID 数据和 SEO（Survey of Economic Opportunity）低收入样本进行参数校准和模拟，他们研究发现，影响已婚女性劳动供给的因素主要有：照料小孩成本占女性工资收入的比例、工作经验回报、性别工资差异。Arrufat 和 Zabalza（1986）构建了已婚女性劳动供给的理论模型，这一理论模型基于税收所导致的非线性预算约束条件，且同时考虑参与决策和劳动时间。他们运用英国 1974 年的微观数据 GHS（General Household Survey）实证检验这一理论模型发现，工资弹性为 2，工资对劳动参与的影响比对劳动时间长短的影响更敏感。此外，学者们也发现，战争（Acemoglu et al. , 2004；Goldin and Olivetti, 2013）、新农合（许庆、刘进，2015）、儿童照料方式（杜凤莲等，2018）、贸易开放（冯其云、朱彤，2013）、贸易全球化（赵宁、李永杰，2015）和市场化程度（彭青青等，2017）等也会影响女性劳动供给。王靖雯和魏思琦（2016）则运用双重差分的方法，研究了《中华人民共和国婚姻法》"若干问题的解释（三）"对女性劳动供给的影响。最新的文献则研究了性别角色与女性劳动力市场表现之间的关系（张川川、王靖雯，2020）。

7.2.2 住房财富与家庭劳动供给的关系

关于住房财富与劳动供给的关系，国内外学者做了大量研究。国内文献中，吴伟平等（2016）分析了房价和女性劳动参与决策的关系。梁银鹤等（2019）则基于 CFPS 的微观面板数据研究了房产财富对劳动供给行为的影响，实证发现房产财富的增加会降低户主的劳动供给。国外文献中，Henley（2004）运用英国 1992~2001 年家庭面板调查（BHPS）数据探究了金融财富和住房财富增值对工作时间的影响。研究发现，住房增值后，男性和女性劳动时间会显著减少；遭遇住房损失后，男性劳动时间会相应增加。住房财富对女性的影响更大，可能的原因是：女性相比男性更加珍视家庭生产和照料小孩等活动；工作合同等对女性的约束更少。Milosch（2014）分别考察了住房财富正向冲击和负向冲击的作用。研究发现，正向房价冲击导致已婚女性降低劳动供给；负向房价冲击导致年长男性增加劳动供给，因为他们延迟退休年龄。Atalay 等（2016）运用澳大利亚 HILDA（Household Income and Labor Dynamics in Australia）面板数据，研究了住房财富效应对女性劳动参与的影响。研究发现，对于年长的女性，住房财富增值会促使她们提前退休；对于年轻女性，住房财富增值会减少她们的工作时间。Fu 等（2016）运用 2011 年 CHFS 数据，采用同一社区其他家庭住房增值的平均值作为工具变量，估计了住房价值的变化对自有房屋者劳动参与的影响。研究发现，住房价值增加 10 万元，将会导致女性劳动参与率下降 1.37%，使她们成为家庭主妇的概率增加 1.49%。研究还发现，住房价值对男性的劳动参与率没有显著影响。Disney 和 Gathergood（2018）运用英国的家庭调查数据，采用固定效应模型和工具变量估计方法，实证研究了住房财富对劳动供给决策的影响，研究发现，住房财富的变化对中年自有房屋者和租房者的劳动参与决策和劳动时间没有显著影响，但会显著降低已婚年轻女性以及接近退休年龄的男性的劳动参与率。Li 等（2020）利用住房面积的断点来识别住房财富对劳动供给的影响，研究发现，住房财富对劳动参与决策有显著影响，但是对劳动供给的影响是不确定的。研究还发现，住房财富对女性户主、年轻家庭和还款能力高的家庭的影响更大。

本章全面考察住房财富对家庭劳动供给的影响。现有研究尚存在一些不足，比如一些文献仅研究了女性劳动供给决策而忽视分析对男性的影响；仅研究了户主（或配偶）的劳动供给而忽视了考虑所有家庭成员；仅研究了老年人劳动供给而未全面考察劳动年龄段个体的劳动供给决策。一些文献仅研究了住房财富对劳动参与的影响，却没有研究其对劳动时间的影响。对于既研究劳动参与决策又研究劳动时间的文献，却发现对劳动时间没有显著影响等。为弥补已有研究的不足，本章主要运用工具变量法（IV）、极大似然估计（MLE）、Heckman 选择模型等规范的微观计量方法全面研究住房财富对家庭劳动供给行为的影响，包括住房财富对所有家庭成员的劳动参与、劳动时间的影响，对家庭工作人数及占比的影响；第一套房增值和多套房增值对劳动供给的影响；无自有住房家庭的劳动供给决策等，以尽可能保证估计结果的解释力和可靠性，进一步证实住房财富在劳动参与决策中的作用。

7.3 理论模型

根据基本的经济理论，非劳动（非工资）收入或财富的增加会提高正常品的消费。闲暇，被视为一种正常品，因此这里能够预期，住房财富的增加对于拥有自有住房的家庭来说，为了最大化自身效用，会增加闲暇时间，降低劳动供给。

借鉴 Fortin(1995)的模型，这里假设购房成本为 V_0，首付款为 d_0V_0，则住房负债为 $(1-d_0)V_0$，住房净财富为 $(d_0+\eta)V_0$，其中，η 代表住房增值的部分。M_0 代表家庭需要支付的按揭负债(月供)，为了简化，假设每一期为固定值。家庭当期的可支配收入为 $y=w_m(T_m-l_m)+w_f(T_f-l_f)$，其中，$w_m$ 代表男性的工资率，T_m 代表男性的总时间，l_m 代表男性的闲暇时间，T_m-l_m 代表男性的工作时间，w_f 代表女性的工资率，T_f 代表女性的总时间，l_f 代表女性的闲暇时间，T_f-l_f 代表女性的工作时间。设家庭的净流动性资产为 A_t，则整个生命周期内的当期财富为：

$$W_t = \sum_{s=t}^{L} \rho_s(w_{ms}T_m + w_{fs}T_f - M_0 + \eta V_s + A_t) = \sum_{s=t}^{L} \rho_s(y_s - M_0 + \eta V_s + A_t)$$

$$(7-1)$$

其中，ρ_s 代表市场贴现率(每一期变化)。面临的预算约束是：

$$k[w_{mt}(T_m-l_{mt})+w_{ft}(T_f-l_{ft})]-M_0 \geq 0 \qquad (7-2)$$

其中，男性和女性的闲暇时间分别为 l_{mt} 和 l_{ft}，k 度量了月供与可支配收入的最大比例。假设家庭选择男性(l_{mt})和女性(l_{ft})各自的闲暇时间，以价格 p_t 消费商品 q_t 以及从住房增值中来获得最大化效用，贴现率为 δ(每一期保持不变)。则最大化的效用为：

$$\max_{\{l_{mt},\ l_{ft},\ q_t,\ \eta V_t\}} \sum_{t=1}^{L} \delta^{(t-1)} U_t(l_{mt},\ l_{ft},\ q_t,\ \eta V_t) \qquad (7-3)$$

使得

$$W_{t+1}-W_t = -p_t(y_t+\eta V_t+A_t) = -p_t(w_{mt}l_{mt}+w_{ft}l_{ft}+p_tq_t) \qquad l_{mt} \geq 0,\ T_f-l_{ft} \geq 0,\ l_{ft} \geq 0$$

$$(7-4)$$

其中，约束条件为本期分配的终身财富约束。这里借鉴 Abbott 和 Ashenfelter(1976)、Ashenfelter 和 Ham(1979)、Johnson 和 Pencavel(1984)的做法，假设函数形式为 Stone-Geary 效用函数，则具体的函数形式如式(7-5)所示：

$$U_t(l_{mt},\ l_{ft},\ q_t,\ \eta V_t) = \beta_m\ln(l_{mt}-\gamma_m) + \beta_f\ln(l_{ft}-\gamma_f) + \beta_q\ln(q_t-\gamma_q) + \beta_V\ln(\eta V_t-\gamma_V)$$

$$(7-5)$$

其中，$\sum_{s=m,f,q,V}\beta_s=1$，$\gamma_s$，$s=m$，$f$，将会被参数化为个体差异。假设男性和女性均不存在只工作或只闲暇的情况，个体的工作时间将取决于住房增值的大小：

$$w_{rt}l_{rt} = w_{rt}\gamma_r + \frac{\beta_r}{\beta_m+\beta_f}\left[\sum_{s=m,f} w_{st}(T_s-\gamma_s) - \frac{M_0}{k} + \eta V_t - A_t\right],\ r=m,f \quad (7\text{-}6)$$

以女性为例，设其工作时间为 h_{ft}，则：

$$l_{ft} = \frac{w_{ft}\gamma_f}{w_{ft}} + \frac{\beta_f}{w_{ft}(\beta_f+\beta_q)}\left[y_t - w_{ft}\gamma_f - w_{mt}T_m + \frac{M_0}{k} - p_t\gamma_q + \eta V_t - A_t\right] \quad (7\text{-}7)$$

$$h_{ft} = T_f - \gamma_f - \frac{\beta_f}{w_{ft}(\beta_f+\beta_q)}\left[y_t - w_{ft}\gamma_f - w_{mt}T_m + \frac{M_0}{k} - p_t\gamma_q + \eta V_t - A_t\right] \quad (7\text{-}8)$$

可见，当 $\eta>0$ 时，$-\dfrac{\beta_f}{w_{ft}(\beta_f+\beta_q)}\eta V_t<0$，即住房增值，女性劳动时间减少，闲暇时间增加。当 $\eta<0$ 时，$-\dfrac{\beta_f}{w_{ft}(\beta_f+\beta_q)}\eta V_t>0$，即住房贬值，女性劳动时间增加，闲暇时间减少。当 $h_{ft}=0$ 时，住房增值为：

$$\eta V_t = (T_f-\gamma_f)\times\frac{w_{ft}(\beta_f+\beta_q)}{\beta_f} - y_t + w_{ft}\gamma_f + w_{mt}T_m - \frac{M_0}{k} + p_t\gamma_q + A_t$$

此时女性退出劳动力市场。因此，住房增值与个体劳动时间是负相关关系，即随着住房增值的增加，个体的闲暇时间增加，劳动供给减少。

7.4　变量与模型

7.4.1　变量定义

家庭成员劳动供给。为重点考察住房财富对家庭成员劳动供给的影响，本节严格定义了劳动参与（Labor Force Participation，LFP）变量和劳动时间变量。中国家庭金融调查对个体是否有工作进行询问，对没有工作的个体再询问没有工作的具体原因，对有工作的个体进一步询问工作的性质、单位的类型、所处行业、具体职业等。对于 2017 年的样本，本节将最近一周为取得收入工作过 1 小时以上、在职但未上班以及因单位、因个人原因失去原来的工作和承包土地被征用或流转定义为劳动参与。劳动时间包括每天工作小时和每月工作天数。这里将工作人数定义为家庭总的工作人数。将工作人数占适龄劳动力比例定义为工作人数除以法定工作年限范围内的个体数。在稳健性检验部分，将最近一周为取得收入工作过 1 小时以上、在职但未上班定义为家庭成员就业，考察了住房增值对家庭成员就业的影响。

住房财富。住房财富包括住房价值、住房增值和住房净财富。具体的定义见第 3 章第 3.1 节。与理论模型匹配，本章重点关注住房增值对家庭成员劳动参与及劳动时间的影响。

控制变量。参照以往文献，本章的控制变量主要有：第一，家庭特征变量，包括家庭规模、家庭老人数量、家庭 6 岁以下小孩数量、家庭 6~15 岁小孩数量、家庭住房负债、家庭非住房负债、家庭收入①、家庭净财富②、家庭参与股票市场、家庭拥有自有车辆。第二，个体特征变量，包括年龄、性别、受教育年限、身体健康状况和风险态度。在稳健性检验部分关于已婚女性的实证研究中，将个体特征变量替换为丈夫年龄、丈夫健康状况、丈夫受教育年限、丈夫工资收入、本人年龄、本人健康状况和本人受教育年限。第三，宏观经济变量，包括地区人均 GDP 和地区失业率，以衡量各地区经济发展水平和对劳动力的需求情况③。Fortin（1995）、Worswick（1999）、Del Boca 和 Lusardi（2003）研究发现，债务对劳动供给有显著的正向影响，因此这里控制了住房负债和非住房负债。为了考察年龄的非线性影响，也控制了年龄的平方项。其中，健康状况对应的问题是：与同龄人相比，现在的身体状况如何？教育程度对应的问题是：受教育年限是多少年？风险态度对应的问题是：如果您有一笔资金用于投资，您最愿意选择哪种投资项目？本节在处理数据过程中，将健康状况、受教育年限、风险态度均变为连续变量④。在实证部分，同样将家庭住房负债、家庭非住房负债、家庭收入、家庭净财富和丈夫工资收入采用加 1 再取自然对数的方法。表 7-1 给出了变量的

---

① 家庭收入是总收入扣除工资性收入、与住房相关的收入，如租金、房屋补贴等。
② 家庭净财富指家庭非住房净财富。
③ 借鉴 Disney 和 Gathergood（2018）的做法，控制地区失业率。
④ 以受教育年限为例，没上过学 = 0，小学 = 6，初中 = 9，高中 = 12，中专 = 13，大专 = 15，大学本科 = 16，硕士研究生 = 19，博士研究生 = 22。关于健康状况和风险态度，感兴趣的读者可以向作者咨询。

描述性统计。

表 7-1　变量描述性统计

	观测值	均值	标准差
被解释变量			
劳动参与	44449	0.655	0.475
男性劳动参与	21956	0.755	0.430
女性劳动参与	22493	0.557	0.497
每月劳动天数	19659	23.940	4.465
男性每月劳动天数	11455	23.940	4.671
女性每月劳动天数	8204	23.941	4.160
每天劳动小时	19561	8.761	2.330
男性每天劳动小时	11381	8.974	2.473
女性每天劳动小时	8180	8.466	2.081
工作人数	15747	1.712	0.991
工作人数占适龄劳动力比例	15747	0.664	0.342
已婚女性劳动参与	8894	0.691	0.462
关注变量			
住房增值	44449	849189.5	1621616
住房价值	44449	1234009	1991424
住房净财富	44449	1172406	1927294
家庭特征变量			
家庭规模	44449	3.711	1.497
家庭小孩数量（0~5）	44449	0.226	0.495
家庭小孩数量（6~15）	44449	0.336	0.582
家庭老人数量	44449	0.308	0.606
家庭住房负债	44449	61602.76	242520.1
家庭非住房负债	44449	28188.5	195439.6
家庭收入	44449	44868.74	200496.7
家庭净财富	44449	443324.1	1416828
家庭参与股票市场	44449	0.132	0.339
家庭拥有自有车辆	44449	0.398	0.490

续表

	观测值	均值	标准差
个体特征变量			
Panel A			
年龄	44449	42.923	13.878
女性	44449	0.506	0.500
已婚	44449	0.783	0.412
受教育年限	44449	10.983	3.945
身体状况	44449	2.703	0.931
风险态度	44449	0.956	1.173
Panel B			
丈夫年龄	8894	45.140	8.842
丈夫健康状况	8894	2.782	0.874
丈夫受教育年限	8894	11.713	3.555
丈夫工资收入	8894	45679.69	74408.88
本人年龄	8894	42.967	8.496
本人健康状况	8894	2.738	0.865
本人受教育年限	8894	11.080	3.813
宏观经济变量			
失业率	44449	3.202	0.653
各省区人均GDP	44449	69168.28	28243.76

由表7-1可知，个体的平均劳动参与率为65.5%，个体的平均劳动时间约为每月24天，每天9小时。分性别来看，男性的平均劳动参与率为75.5%，远远高于女性的平均劳动参与率（为55.7%）。从劳动时间来看，男性和女性的每月劳动天数和每天劳动小时差异不大。从已婚女性样本来看，已婚女性的劳动参与率均值为69.1%。家庭的住房资产均值约为123万元，住房净财富均值约为117万元，住房增值均值约为85万元。家庭规模平均为3~4人。大部分家庭比较厌恶风险，家庭参与股票市场的比例为13.2%，有39.8%的家庭拥有汽车。每个家庭的住房负债、非住房负债、收入和净财富存在很大的差异。78.3%的个体已婚，平均受教育程度在高中以下，身体状况良好。在已婚女性样本中，丈夫的平均年龄为45岁，本人的平均年龄为43岁，丈夫的受教育年限平均而言高于本人

的受教育年限，但差距不大。丈夫和本人的健康状况平均而言，都比较好。

表 7-2　家庭成员劳动参与的异质性

Panel A	三四五线城市	一二线城市	均值差异
家庭成员劳动参与	0.666 (0.004)	0.647 (0.003)	0.019***
Panel B	低收入群体	高收入群体	均值差异
家庭成员劳动参与	0.696 (0.003)	0.614 (0.003)	0.083***
Panel C	中高等教育	低等教育	均值差异
家庭成员劳动参与	0.681 (0.003)	0.625 (0.003)	0.056***

注：***表示在1%水平上显著。

表7-2描述了不同样本下家庭成员劳动参与率的差异。由表7-2 Panel A可知，在一二线城市，个体的平均劳动参与率为64.7%，在三四五线城市，个体的平均劳动参与率为66.6%，均值差异检验表明，在不同规模的城市中，个体劳动参与率存在显著差异。由表7-2 Panel B可知，以家庭收入的中位数划分，在不同收入水平下，个体劳动参与率存在显著差异。由表7-2 Panel C可知，受过中高等教育的个体，其劳动参与率与仅接受过低等教育的个体劳动参与率相比存在显著差异。综上可知，表7-2说明了在不同规模的城市、不同收入水平下以及不同受教育程度下，个体劳动参与存在显著差异，这为后文的异质性分析提供了基本事实。

7.4.2　实证模型

为了考察住房财富对家庭成员劳动参与的影响，本章模型设定如式（7-9）所示：

$$LFP = \alpha_1 Housing\_wealth + X_1\beta_1 + \mu \tag{7-9}$$

其中，$\mu \sim N(0, \sigma^2)$。LFP 代表家庭成员劳动参与。$Housing\_wealth$ 代表本章的关注变量住房财富，包括住房增值、住房价值和住房净财富。X_1 代表控制变量，主要包括家庭特征变量、个体特征变量和宏观经济变量、省区固定效应。

本章预测 $\alpha_1 < 0$，即住房财富增加会降低家庭成员劳动参与的概率。进一步地，本章会分别考察住房财富对男性和女性劳动参与决策的影响。

考虑到个体的劳动时间取决于个体是否进入劳动力市场，而个体是否参与劳动并非外生和纯随机事件，因此直接进行普通最小二乘估计得出的参数则会有偏差。为了考察住房增值对家庭成员劳动时间的影响，本章运用 Heckman 两步法进行估计。首先，在第一阶段回归中，拟合出家庭成员劳动参与的概率。其次，在此基础上计算出逆米尔斯比率（lambda）。接下来，在第二阶段劳动时间回归方程中，控制逆米尔斯比率，以解决样本选择偏误①。具体模型设定如下：

$$Prob(LFP=1) = X\eta + \varepsilon \tag{7-10}$$

$$\lambda = \frac{\phi(X\hat{\eta})}{\Phi(X\hat{\eta})} \tag{7-11}$$

$$Labor\_time = \alpha_2 Housing\_gain + \omega\lambda + X_2\beta_2 + \mu \tag{7-12}$$

同理，式（7-10）中，$\varepsilon \sim N(0, \sigma^2)$。$X$ 代表控制变量，主要包括住房增值、家庭特征变量、个体特征变量和宏观经济变量、省区固定效应。式（7-12）中，$Labor\_time$ 代表个体劳动时间，包括每月劳动天数和每天劳动小时。其余变量含义同上。这里预测 $\alpha_2 < 0$，即住房增值后，对家庭成员每月劳动天数和每天劳动小时均有显著负向影响。

本章的关注变量住房财富可能是内生的，首先是逆向因果。家庭成员参与劳动力市场后，赚取工资收入，有能力购买面积较大的住房，从而可能影响家庭的住房决策。Phillips 和 Vanderhoff（1991）及 Kohlhase（1986）研究发现，女性的职业决策会影响对住房的需求。Johnson（2014）也发现劳动参与会提升当地住房价格。其次是遗漏变量。家庭成员劳动参与和住房财富可能会同时受到其他因素的影响，如个人偏好习惯、个人贴现率，而这些变量又是不可观测的。具体来说，性格这一因素会同时影响住房财富和家庭成员劳动参与，比如性格如果乐观的人，会看好未来的房地产市场，从而增持住房资产，而不同性格的人是否选择就业也会有显著差异。最后是测量误差。本章的住房财富包括住房增值、住房价值和住房净财富。住房价值是家庭主观估计的，与真实的价值可能存在偏差。因

---

① 需要说明的是，第一阶段回归方程与第二阶段回归方程相比，需要额外控制一个识别变量，即影响个体劳动参与决策但对劳动时间不会产生影响。

此，本章要处理的一个关键问题是住房财富的内生性。已有研究住房财富与劳动供给的文献讨论过住房财富的内生性，并采用工具变量方法或固定效应方法以解决内生性问题（Fu et al.，2016；梁银鹤等，2019）。由于本章使用的是 2017 年 CHFS 截面数据，因而采用工具变量（IV）估计方法来解决内生性问题。借鉴 Fu 等（2016）的做法并通过反复检验，本章采用同一社区其他家庭住房增值的平均值作为住房财富的工具变量进行估计。一方面，根据群体效应理论，个体的某一特征与同区域内其他个体的这一特征密切相关，但与他们的其他特征并不相关，满足相关性和外生性的条件。另一方面，在公司金融领域，Dass 和 Massa（2011）也采用类似的方法来构造工具变量。因此，本章认为同一社区其他家庭住房增值的平均值作为该家庭住房财富的工具变量是合适的。后面还将在估计中给出具体的检验结果，对工具变量做进一步说明。

7.5 住房财富与家庭劳动供给的主要回归结果

7.5.1 住房财富与家庭成员劳动参与

接下来首先考察住房增值与家庭成员劳动参与决策之间的关系，表 7-3 给出了具体的实证回归结果。其中，第（1）列是 OLS 的回归结果，第（2）列是 2SLS 的回归结果。考虑到劳动参与是 0-1 变量，第（3）列和第（4）列分别用 Probit 模型和 IV Probit 模型进行估计。在两阶段工具变量估计中，第一阶段估计的 F 值为 476.93，工具变量 t 值为 53.12，F 值大于 Stock 和 Yogo（2005）的临界值 10，因此不存在弱工具变量问题。因而，用同一社区其他家庭的住房增值作为工具变量是合适的。比较第（1）列和第（3）列以及第（2）列和第（4）列的结果可以看出，住房增值能显著降低家庭成员劳动参与的概率且估计结果稳健。进一步地，根据性别分别考察住房增值对男性劳动参与和女性劳动参与的影响，第（5）列和第（6）列的结果表明，住房增值对男性劳动参与决策和女性劳动参与决策均有显著负向影响。

从家庭特征变量来看，债务对家庭成员劳动参与具有显著正向影响（Fortin，1995；Worswick，1999；Del Boca and Lusardi，2003）。家庭收入对家庭成员劳动参与具有显著负向影响，家庭净财富则对家庭成员参与劳动力市场的影响呈倒"U"形。孩子数量越多，个体参与劳动力市场的概率越小。比较有意思的是，分性别来看，学龄前儿童数量越多，女性参与劳动力市场的概率越小，但男性参与劳动力市场的概率反而越大；6~15岁的小孩数量对男性劳动参与决策有显著负向影响，但是对女性劳动参与决策却没有显著影响。可能的解释是，男女的家庭分工不同，学龄前儿童主要是由女性照料，男性工作来赚取家庭收入；等小孩年龄较大后，男性更多会辅导学业而女性的照料角色就不那么重要了。此外，家庭参与股票市场会降低劳动参与的概率。家庭拥有自有车辆则几乎对家庭成员劳动参与决策没有显著影响。

从个体特征变量来看，女性相比男性而言，劳动参与率更低（黄宏伟等，2014）。年龄对劳动参与决策的影响呈倒"U"形（黄宏伟等，2014）。受教育年限越多，个体参与劳动力市场的概率越大（黄宏伟等，2014）。身体状况越好，个体参与劳动力市场的概率越大，这与刘生龙（2008）、秦立建等（2012）、童玉芬和廖宇航（2017）的发现一致。已婚个体需要担负"养家糊口"的责任，因而参与劳动力市场的概率越大（刘生龙，2008；杨志海等，2015）。风险态度对家庭成员劳动参与决策没有显著影响。

从宏观特征变量来看，地区失业率对个体劳动参与决策没有显著影响。地区人均GDP越高，代表当地经济发展水平越高，更容易吸引人就业。

表7-3 住房增值与家庭成员劳动参与

	劳动参与（OLS）（1）	劳动参与（2SLS）（2）	劳动参与（Probit）（3）	劳动参与（IV Probit）（4）	男性劳动参与（2SLS）（5）	女性劳动参与（2SLS）（6）
关注变量						
住房增值	-0.010***（0.001）	-0.046***（0.004）	-0.010***（0.001）	-0.044***（0.004）	-0.046***（0.004）	-0.045***（0.006）
家庭特征变量						
家庭收入	-0.016***（0.004）	-0.008*（0.004）	-0.015***（0.004）	-0.007*（0.004）	-0.013***（0.005）	-0.005*（0.003）

续表

	劳动参与 （OLS） （1）	劳动参与 （2SLS） （2）	劳动参与 （Probit） （3）	劳动参与 （IV Probit） （4）	男性劳动参与 （2SLS） （5）	女性劳动参与 （2SLS） （6）
家庭收入的 平方/10	0.012 (0.013)	−0.006 (0.013)	0.011 (0.013)	−0.006 (0.013)	0.010 (0.015)	0.009 (0.010)
家庭净财富	0.028*** (0.004)	0.037*** (0.004)	0.027*** (0.003)	0.036*** (0.004)	0.037*** (0.005)	0.037*** (0.006)
家庭净财富的 平方/10	−0.020*** (0.006)	−0.017*** (0.006)	−0.020*** (0.006)	−0.016*** (0.006)	−0.022*** (0.008)	−0.013* (0.006)
住房负债	0.004*** (0.001)	0.002 (0.001)	0.005*** (0.002)	0.003* (0.002)	0.000 (0.002)	0.004* (0.002)
非住房负债	0.015*** (0.002)	0.019*** (0.002)	0.016*** (0.003)	0.019*** (0.003)	0.019*** (0.003)	0.015*** (0.004)
家庭规模	0.005** (0.002)	0.003 (0.002)	0.001 (0.002)	0.000 (0.002)	−0.002 (0.003)	0.006* (0.003)
家庭小孩数量 （0~5岁）	−0.031*** (0.005)	−0.034*** (0.005)	−0.026*** (0.005)	−0.029*** (0.005)	0.019*** (0.006)	−0.082*** (0.008)
家庭小孩数量 （6~15岁）	−0.010** (0.004)	−0.012*** (0.004)	0.004 (0.004)	0.002 (0.004)	−0.024*** (0.005)	−0.007 (0.006)
家庭老人数量	0.005 (0.003)	0.008** (0.004)	0.010*** (0.004)	0.013*** (0.004)	−0.009* (0.005)	0.031*** (0.005)
家庭参与 股票市场	−0.034*** (0.006)	−0.018*** (0.006)	−0.033*** (0.006)	−0.018*** (0.006)	−0.021*** (0.007)	−0.015* (0.009)
家庭拥有 自有车辆	−0.011** (0.004)	−0.004 (0.005)	−0.007 (0.005)	−0.000 (0.005)	−0.000 (0.006)	−0.004 (0.007)
个体特征变量						
女性	−0.190*** (0.004)	−0.187*** (0.004)	−0.189*** (0.004)	−0.186*** (0.004)	—	—
年龄	0.098*** (0.001)	0.099*** (0.001)	0.082*** (0.001)	0.082*** (0.001)	0.103*** (0.001)	0.096*** (0.002)
年龄的平方/100	−0.122*** (0.001)	−0.121*** (0.001)	−0.101*** (0.001)	−0.100*** (0.001)	−0.124*** (0.002)	−0.120*** (0.002)
已婚	0.048*** (0.007)	0.045*** (0.007)	0.050*** (0.006)	0.047*** (0.006)	0.077*** (0.009)	−0.003 (0.010)
受教育年限	0.005*** (0.001)	0.008*** (0.001)	0.005*** (0.001)	0.008*** (0.001)	0.005*** (0.001)	0.008*** (0.001)

续表

	劳动参与 （OLS） （1）	劳动参与 （2SLS） （2）	劳动参与 （Probit） （3）	劳动参与 （IV Probit） （4）	男性劳动参与 （2SLS） （5）	女性劳动参与 （2SLS） （6）
身体状况	0.039 *** （0.002）	0.041 *** （0.002）	0.038 *** （0.002）	0.039 *** （0.002）	0.053 *** （0.003）	0.030 *** （0.004）
风险态度	−0.002 （0.002）	−0.002 （0.002）	−0.002 （0.002）	−0.002 （0.002）	−0.003 * （0.002）	−0.000 （0.002）
宏观经济变量						
地区失业率	0.003 （0.005）	0.003 （0.005）	−0.004 （0.014）	−0.019 （0.015）	0.006 （0.006）	−0.001 （0.007）
地区人均 GDP	−0.000 （0.012）	0.047 *** （0.012）	0.042 *** （0.012）	0.124 *** （0.014）	0.033 ** （0.016）	0.061 *** （0.019）
省区固定效应	YES	YES	YES	YES	YES	YES
N	44449	44449	44449	44449	21956	22493
Wald chi^2	—	—	11304. 51 ***	—	—	—
R^2	0.314	0.315			0.353	0.254
Pseudo R^2	—	—	0.268	—	—	—
第一阶段 F 值	—	476. 93 ***	—	476. 93 ***	476. 93 ***	476. 93 ***
工具变量 t 值	—	53. 12 ***	—	53. 12 ***	53. 12 ***	53. 12 ***

注：①＊、＊＊、＊＊＊分别表示在 10%、5%、1% 水平上显著。②括号里报告的标准差是稳健标准差。

根据 CHFS 的调查数据，2013 年、2015 年和 2017 年房产占家庭总资产的比例分别为 61.7%、62.5% 和 68.2%。这说明了住房资产作为家庭资产的重要组成部分，具有极端重要性。当家庭拥有住房时，随着房价的不断攀升，相当于获得一笔巨额财富，根据 Imbens 等（2001），巨额财富会增加闲暇，减少劳动时间。因此，这里紧接着研究住房价值、住房净财富对家庭成员劳动参与的影响。表 7-4 给出了具体的实证回归结果。其中，第（1）列、第（4）列分别是住房价值、住房净财富与家庭成员劳动参与的回归结果。同样地，根据性别分别考察住房价值、住房净财富对男性劳动参与和女性劳动参与的影响，第（2）列、第（3）列和第（5）列、第（6）列的结果表明，住房价值、住房净财富对男性劳动参与决策和女性劳动参与决策均有显著负向影响。综合表 7-4 可以看出，住房价值和住房净财富均能显著降低家庭成员劳动参与的概率。

表 7-4   住房价值、住房净财富与家庭成员劳动参与

	劳动参与 （2SLS） （1）	男性劳动参与 （2SLS） （2）	女性劳动参与 （2SLS） （3）	劳动参与 （2SLS） （4）	男性劳动参与 （2SLS） （5）	女性劳动参与 （2SLS） （6）
关注变量						
住房价值	−0.066 *** （0.005）	−0.066 *** （0.006）	−0.065 *** （0.008）	—	—	—
住房净财富	—	—	—	−0.064 *** （0.005）	−0.063 *** （0.006）	−0.062 *** （0.008）
家庭特征变量	Control	Control	Control	Control	Control	Control
个体特征变量	Control	Control	Control	Control	Control	Control
宏观经济变量	Control	Control	Control	Control	Control	Control
省区固定效应	YES	YES	YES	YES	YES	YES
N	44449	21956	22493	44449	21956	22493
R^2	0.315	0.353	0.254	0.315	0.353	0.254
第一阶段 F 值	1154.39 ***	1154.39 ***	1154.39 ***	841.75 ***	841.75 ***	841.75 ***
工具变量 t 值	57.62 ***	57.62 ***	57.62 ***	55.68 ***	55.68 ***	55.68 ***

注：＊＊＊表示在1%水平上显著。

7.5.2   住房增值与家庭成员劳动时间

近年来，中国职场中的"过劳"现象越来越严重。根据《环球时报》报道，中国已成为全球工作时间最长的国家之一，人均劳动时间超过日本和韩国。因此本部分进一步分析了住房增值对家庭成员劳动时间的影响。Heckman（1993）将劳动供给划分为劳动广度（extensive margin）和劳动深度（intensive margin），前者指是否参与劳动力市场，后者指参与劳动的劳动时间长度。事实上，劳动供给是两阶段决策过程的有机结合，第一阶段是个体决定是否参与劳动，第二阶段是在参与劳动的基础上对劳动时间进行规划。如果直接用普通最小二乘回归，或仅在有工作样本回归，或将未参与劳动的工作时间视为 0 采用 Tobit 模型回归，则均会造成样本选择偏差。由于仅有参与劳动力市场的个体才有劳动时间，与研究

工资类似，这里采用 Heckman 模型，表 7-5 给出了具体的实证回归结果，由表 7-5 第（1）列和第（2）列可知，无论是每月劳动天数还是每天劳动小时，住房增值后，均能显著减少家庭成员劳动时间。

此外，已有研究发现，城镇女性的劳动时间很长，每周劳动 43 小时，没有足够的时间来满足对休息和闲暇的基本需要，更容易陷入"时间贫困"。[1] 因此，这里分别在男性和女性样本中回归，发现住房增值对男性和女性的劳动时间均有显著负向影响。需要说明的是，综观表 7-5，逆米尔斯比率几乎均在 1% 的水平上显著，说明存在样本选择偏误，运用 Heckman 两阶段模型纠正这一偏差是合适的。

表 7-5   住房增值与家庭成员劳动时间

	每月劳动天数（1）	每天劳动小时（2）	男性每月劳动天数（3）	男性每天劳动小时（4）	女性每月劳动天数（5）	女性每天劳动小时（6）
关注变量						
住房增值	-0.009 *** (0.001)	-0.007 *** (0.001)	-0.005 *** (0.002)	-0.010 *** (0.001)	-0.015 *** (0.002)	-0.007 *** (0.002)
逆米尔斯比率	1.580 *** (0.179)	0.799 *** (0.202)	0.806 *** (0.308)	1.662 *** (0.284)	2.571 *** (0.251)	0.706 ** (0.319)
家庭特征变量	Control	Control	Control	Control	Control	Control
个体特征变量	Control	Control	Control	Control	Control	Control
宏观经济变量	Control	Control	Control	Control	Control	Control
省区固定效应	YES	YES	YES	YES	YES	YES
N	19659	19561	11455	11381	8204	8180
R^2	0.036	0.050	0.030	0.051	0.064	0.039

注：** 和 *** 分别表示在 5% 和 1% 水平上显著。

7.5.3   住房增值与家庭工作人数

住房增值后，除了会显著降低家庭成员劳动参与的概率，是否会对家庭总的

---

[1]   参见中国财经网：http://finance.china.com.cn/roll/20170627/4265243.shtml。

工作人数造成影响呢？接下来考察住房增值和家庭工作人数的关系。表7-6 给出了具体的实证回归结果，由表7-6 可知，无论是 OLS 还是 2SLS 回归，住房增值后，均会显著减少家庭总的工作人数。可见，住房财富对整个家庭在劳动力市场的决策中扮演着重要的角色。

表7-6　住房增值与家庭工作人数

被解释变量	家庭工作人数 （OLS）	家庭工作人数 （2SLS）
关注变量		
住房增值	−0.022 *** （0.003）	−0.112 *** （0.011）
家庭特征变量	Control	Control
个体特征变量	Control	Control
宏观经济变量	Control	Control
省区固定效应	YES	YES
N	15747	15747
R²	0.489	0.491
第一阶段 F 值	—	169.09 ***
工具变量 t 值	—	29.30 ***

注：*** 表示在 1%水平上显著。

　　紧接着还考察了住房增值和家庭工作人数占适龄劳动力比例之间的关系。表7-7 给出了具体的实证回归结果，由表7-7 可知，无论是 Tobit 还是 IV Tobit 回归，住房增值后，均会显著降低这一比例。可见，住房增值后，对工作人数水平值和相对比例都有显著负向影响。这也进一步说明了住房财富对整个家庭在劳动力市场的决策中发挥着重要作用。

表7-7　住房增值与工作人数占适龄劳动力比例

被解释变量	工作人数占适龄劳动力比例 （Tobit）	工作人数占适龄劳动力比例 （IV Tobit）
关注变量		
住房增值	−0.020 *** （0.003）	−0.078 *** （0.009）

被解释变量	工作人数占适龄劳动力比例 （Tobit）	工作人数占适龄劳动力比例 （IV Tobit）
家庭特征变量	Control	Control
个体特征变量	Control	Control
宏观经济变量	Control	Control
省区固定效应	YES	YES
N	15747	15747
Wald chi^2	—	2743.72***
Pseudo R^2	0.125	—
内生性检验 Wald 值	—	42.83***
P 值	—	0.000
第一阶段 F 值	—	169.09***
工具变量 t 值	—	29.30***

注：***表示在1%水平上显著。

7.6 住房财富与家庭劳动供给的异质性分析

由前文表7-2异质性分析的基本事实可知，家庭成员劳动参与的概率在不同规模的城市、不同收入水平和不同受教育程度下，存在显著差异。基于基本事实，本部分将考察住房增值对家庭成员劳动参与的影响是否存在显著异质性。

7.6.1 不同城市规模异质性

中国住房价格近十几年来在不断攀升，且不同城市的房价存在很大的差异，统计显示，70个大中城市房价增长率具有很大异质性。根据 Black 等（2014），不同城市个体的劳动参与率和工作时间存在显著差异。表7-8报告了住房增值对家庭成员劳动参与的影响在不同规模城市的异质性。由表7-8可知，住房增值与一二线城市的交互项系数为负，且在5%水平上显著。说明住房增值后，对一二线城市个体劳动参与的影响更大，能显著降低一二线城市个体劳动参与的概率。可能的原因是，一二线城市的房价上涨得更快，家庭的住房财富增加更为迅速，因此劳动参与的收入效应更明显。

表 7-8　住房财富与家庭成员劳动参与：一二线城市的异质性

被解释变量	家庭成员劳动参与
关注变量	
住房增值	-0.038^{***} （0.005）
一二线城市	0.010 （0.012）
住房增值×一二线城市	-0.009^{**} （0.004）
家庭特征变量	Control
个体特征变量	Control
宏观经济变量	Control
省区固定效应	YES
N	44449
第一阶段 F 值	476.93^{***}
工具变量 t 值	53.12^{***}

注：$**$ 和 $***$ 分别表示在5%和1%水平上显著。

7.6.2　不同收入水平异质性

接下来考察住房增值对家庭成员劳动参与的影响在高收入样本的异质性。其中，以家庭收入的中位数为划分标准，生成高收入的哑变量。表 7-9 给出了具体的实证回归结果。由表 7-9 可知，住房增值与高收入家庭的交互项系数为负，且在 1% 水平上显著。说明住房增值后，相比收入较低的家庭，对高收入家庭个体劳动参与的影响更大，能显著降低高收入家庭个体劳动参与的概率。这也说明了住房在个体就业决策中起着至关重要的作用，尤其对高收入家庭来说，劳动参与的收入效应更加明显。

表 7-9 住房财富与家庭成员劳动参与：高收入群体的异质性

被解释变量	家庭成员劳动参与
关注变量	
住房增值	−0.038***
	(0.004)
高收入家庭	0.004
	(0.010)
住房增值×高收入家庭	−0.015***
	(0.003)
家庭特征变量	Control
个体特征变量	Control
宏观经济变量	Control
省区固定效应	YES
N	44449
第一阶段F值	476.93***
工具变量t值	53.12***

注：***表示在1%水平上显著。

7.6.3 不同教育水平异质性

表 7-10 报告了住房增值对家庭成员劳动参与的影响在不同教育群体的异质性。由表 7-10 可知，住房增值与低等教育的交互项系数为负，且在 1%水平上显著。说明住房增值后，相比低教育水平的个体，对高教育水平个体参与劳动力市场的概率影响更小，这与梁银鹤等（2019）的结论一致。可能的原因是，受过高等教育的个体相比未受过高等教育的个体来说，具有更高的劳动力素质，退出劳动力市场的机会成本更高。因而住房增值后对高教育水平个体参与劳动力市场的概率影响更小。这也与北京师范大学劳动力市场研究中心主任赖德胜的观点一致，他认为，中国下一阶段的经济发展，会给受过高等教育的群体带来更多机会，吸引他们更多进入劳动力市场。总之，这也在一定程度上说明了住房增值并未扭曲劳动力市场，并没有使得人力资本相对较高的劳动者提前退出。

表 7-10　住房财富与家庭成员劳动参与：教育的异质性

被解释变量	家庭成员劳动参与
关注变量	
住房增值	-0.030 *** (0.004)
低等教育	0.002 (0.011)
住房增值×低等教育	-0.014 *** (0.003)
家庭特征变量	Control
个体特征变量	Control
宏观经济变量	Control
省区固定效应	YES
N	44449
第一阶段 F 值	476.93 ***
工具变量 t 值	53.12 ***

注：*** 表示在 1% 水平上显著。

7.7　住房财富与家庭劳动供给的进一步分析

知识经济时代来临后，随着全球产业结构的更改、信息科技的革新、教育程度的提升尤其是人工智能的兴起，个体参与劳动力市场面临的挑战更多，且退出劳动力市场的机会成本更大，基于此背景，本节想进一步探究住房增值对年轻个体还是即将退休个体的劳动参与率影响更大。表 7-11 报告了住房增值和不同年龄段家庭成员劳动参与率之间的关系。由表 7-11 可知，住房增值对年轻个体的劳动参与率没有显著影响，但会显著降低中年个体的劳动参与率，特别是对临近退休年龄的个体劳动参与率影响最大，这也为协调住房政策和延迟退休政策提供了微观证据。梁银鹤等（2019）发现，住房财富对 35 岁以下个体的劳动参与决策有显著影响，但是对 35~50 岁这一年龄段的劳动参与决策没有显著影响，这里与他们的结论相反，可能的原因是，由前文的基准回归可以看出，年龄对家庭成员劳动参与的影响呈倒"U"形。以表 7-11 第（2）列为例，笔者计算出年龄的拐点为 41 岁。因此，年轻个体处于事业起步阶段，即使住房财富增加，对年轻个体的劳动参与决策也没有显著影响。对于中年个体甚至更年长个体来说，住房财富的增加对其一生财富的影响都会很大，因此对劳动参与决策的影响更明显。

表 7-11　住房增值与不同年龄段家庭成员劳动参与

被解释变量	家庭成员劳动参与（16~35 岁）（1）	家庭成员劳动参与（35~45 岁）（2）	家庭成员劳动参与（45~65 岁）（3）
关注变量			
住房增值	-0.009（0.006）	-0.017***（0.006）	-0.078***（0.005）
家庭特征变量	Control	Control	Control
个体特征变量	Control	Control	Control
宏观经济变量	Control	Control	Control
省区固定效应	YES	YES	YES
N	13557	8887	22005
R^2	0.377	0.100	0.304
第一阶段 F 值	476.93***	476.93***	476.93***
工具变量 t 值	53.12***	53.12***	53.12***

注：***表示在1%水平上显著。

首套房一般难以变现，主要表现出居住属性；多套房则更多表现出投资属性。接下来进一步研究，究竟是住房的居住属性还是投资属性对家庭成员劳动参与的作用更大？这里分别估计第一套房和多套房增值对家庭成员劳动参与的影响。表 7-12 给出了具体的回归结果。由表 7-12 可知，无论是首套房还是多套房家庭，住房增值后均能显著降低家庭成员劳动参与的概率，且多套房增值对家庭成员劳动参与的影响更大，说明投资属性的住房对家庭成员劳动参与的作用更大。

表 7-12　不同数量房屋增值与家庭成员劳动参与

被解释变量	家庭成员劳动参与 （2SLS）	家庭成员劳动参与 （2SLS）
关注变量		
首套房增值	−0.048*** （0.004）	—
多套房增值	—	−0.179*** （0.013）
家庭特征变量	Control	Control
个体特征变量	Control	Control
宏观经济变量	Control	Control
省区固定效应	YES	YES
N	44449	44449
R^2	0.315	0.315
第一阶段 F 值	432.87***	109.77***
工具变量 t 值	54.40***	19.35***

注：***表示在1%水平上显著。

为了进一步证实住房财富在劳动参与决策中的作用，将样本限定在无自有住房家庭，理论上，无自有住房家庭的劳动供给不会受到影响。对于无自有住房家庭，问卷中询问了目前所居住的房屋市价和使用面积。因此，这里能准确计算出目前居住房屋的住房价值。由表 7-13 第（1）列、第（2）列可知，无论是 LPM 模型还是 Probit 模型，目前所居住房屋的价值并不会影响家庭成员劳动参与决策。此外，由于所居住房屋的面积大小可能对劳动供给没有影响，且所居住房屋的市价比较内生，表 7-13 第（3）列、第（4）列分别是用所在社区房价和所在省房价进行实证回归的结果，可以看出，社区房价和省级房价对无自有住房家庭的劳动参与决策均没有显著影响，这也说明了有房和无房家庭的劳动参与决策是不同的。

表7-13 住房财富与家庭成员劳动参与：无自有住房家庭

被解释变量	家庭成员劳动参与（LPM）(1)	家庭成员劳动参与（Probit）(2)	家庭成员劳动参与（LPM）(3)	家庭成员劳动参与（LPM）(4)
关注变量				
住房价值	-0.006 (0.005)	-0.006 (0.005)	—	—
社区房价	—	—	-0.006 (0.010)	—
省级房价	—	—	—	-0.065 (0.042)
家庭特征变量	Control	Control	Control	Control
个体特征变量	Control	Control	Control	Control
宏观经济变量	Control	Control	Control	Control
省区固定效应	YES	YES	YES	NO
N	5334	5334	5334	5334
R^2	0.313	—	0.312	0.304
Pseudo R^2	—	0.269	—	—

7.8 稳健性检验

7.8.1 替换工具变量

为了进一步证实估计结果的稳健性，本部分借鉴 Chetty 等（2017）的思路，选取省级房价作为住房增值的工具变量。具体的实证结果如表 7-14 所示。由表 7-14 可知，无论是从总体劳动参与还是分性别来看，估计结果与表 7-3 基本一致，住房增值会显著降低家庭成员参与劳动力市场的概率。

表 7-14 稳健性检验：省级房价做 IV

	劳动参与 （2SLS）	男性劳动参与 （2SLS）	女性劳动参与 （2SLS）
关注变量			
住房增值	−0.049*** （0.008）	−0.054*** （0.010）	−0.043*** （0.012）
家庭特征变量	Control	Control	Control
个体特征变量	Control	Control	Control
宏观经济变量	Control	Control	Control
N	44449	21956	22493
R^2	0.309	0.346	0.246
第一阶段 F 值	755.93***	755.93***	755.93***
工具变量 t 值	24.65***	24.65***	24.65***

注：***表示在1%水平上显著。

7.8.2 替换被解释变量

一些文献（杜凤莲，2008；沈可等，2012；吴伟平等，2016）将劳动参与直接定义为是否有工作，而并未将季节性失业、摩擦性失业等视为劳动参与。因此，本部分将被解释变量替换为家庭成员就业[①]，考察住房增值对家庭成员就业的影响，具体的实证结果如表 7-15 所示。由表 7-15 可知，无论是 OLS 还是 2SLS 回归，结果与表 7-3 基本一致，说明结论是稳健的，住房增值会显著降低家庭成员参与劳动力市场的概率。

表 7-15 稳健性检验：替换被解释变量

被解释变量	家庭成员就业 （OLS）	家庭成员就业 （2SLS）
关注变量		
住房增值	−0.011*** （0.001）	−0.049*** （0.004）

① 将最近一周为取得收入工作过 1 小时以上、在职但未上班定义为家庭成员就业。

被解释变量	家庭成员就业 （OLS）	家庭成员就业 （2SLS）
家庭特征变量	Control	Control
个体特征变量	Control	Control
宏观经济变量	Control	Control
省区固定效应	YES	YES
N	44449	44449
R^2	0.296	0.298
第一阶段 F 值	—	476.93***
工具变量 t 值	—	53.12***

注：***表示在1%水平上显著。

7.8.3　重新定义关键解释变量

此外，借鉴 Fu 等（2016）的做法，将住房增值定义为住房价值和住房成本之比，同样采取加 1 再取自然对数的方法。具体的实证结果如表 7-16 所示。由表 7-16 可知，住房增值每增加 1%，家庭成员劳动参与率下降 5.8%，且在 1% 的水平上显著，这说明结论是稳健的，住房增值会显著降低家庭成员参与劳动力市场的概率。

表 7-16　稳健性检验：住房增值的不同度量

被解释变量	家庭成员劳动参与 （LPM）
关注变量	
住房增值	−0.058*** （0.025）
家庭特征变量	Control
个体特征变量	Control
宏观经济变量	Control
省区固定效应	YES
N	44449

续表

被解释变量	家庭成员劳动参与 （LPM）
R^2	0.312

注：＊＊＊表示在1%水平上显著。

7.8.4 已婚女性子样本

女性就业难一直是社会各界广泛关注的问题，随着高校女生比例的不断上升和"全面二孩"政策的放开，女性在职场上承受的压力越来越大。"女性顶起半边天"的时代正在悄然发生变化。女性劳动参与率的下降引起了劳动就业部门与学者们的关注。有学者将这一现象解释为市场化改革的结果（姚先国、谭岚，2005；李春玲、李实，2008）。文献从不同角度解释了女性劳动参与率下降的原因：性别歧视、二孩政策、照料小孩和老人、退休政策、从事家务劳动等。Disney 和 Gathergood（2018）、Fu 等（2016）、黄宏伟等（2014）则从住房增值的视角给出了新的解释，他们发现，住房增值带来的巨大溢价放松了房贷约束和消费预算约束，从而增加闲暇消费，减少劳动。因此，接下来将样本限定在已婚女性，考察住房财富和已婚女性劳动参与之间的关系，以进一步检验实证结果的稳健性。表7-17给出了具体的实证回归结果。由表7-17可知，住房财富会显著降低已婚女性劳动参与率。住房增值每增加1%，已婚女性劳动参与率下降4.6%，住房价值每增加1%，已婚女性劳动参与率下降7.2%；住房净财富每增加1%，已婚女性劳动参与率下降7.1%。这也能解释目前持有大量房产的全职太太现象的存在。综合以上结果可以看出，住房增值对已婚女性劳动参与也有显著负向影响，证实了结论的稳健性。

表7-17 稳健性检验：已婚女性子样本

被解释变量	已婚女性劳动参与 （IV Probit）	已婚女性劳动参与 （2SLS）	已婚女性劳动参与 （IV Probit）	已婚女性劳动参与 （IV Probit）
关注变量				
住房增值	-0.046＊＊＊ （0.011）	-0.042＊＊＊ （0.010）	—	—

被解释变量	已婚女性劳动参与 （IV Probit）	已婚女性劳动参与 （2SLS）	已婚女性劳动参与 （IV Probit）	已婚女性劳动参与 （IV Probit）
住房价值	—	—	-0.072*** （0.016）	—
住房净财富	—	—	—	-0.071*** （0.016）
家庭特征变量	Control	Control	Control	Control
个体特征变量	Control	Control	Control	Control
宏观经济变量	Control	Control	Control	Control
省区固定效应	YES	YES	YES	YES
N	8894	8894	9557	9486
R^2	—	0.146	—	—
内生性检验 Wald 值	15.06***	—	17.75***	18.08***
P 值	0.000	—	0.000	0.000
第一阶段 F 值	33.04***	33.04***	38.20***	36.01***
工具变量 t 值	9.88***	9.88***	7.44***	7.59***

注：***表示在1%水平上显著。

7.9 本章小结

近年来，中国劳动年龄人口的规模和比重均在不断下降，老龄化现象加剧，人口结构发生了巨大的变化。与此同时，随着房地产市场的繁荣发展，房价的快速上涨给自有住房家庭带来了巨大的住房财富。根据《中国家庭财富调查报告2019》，房产净值是家庭财富最重要的组成部分，城镇居民家庭房产净值约占家庭人均财富的72%。住房财富的增加对家庭的消费、储蓄行为产生了深远的影响，在家庭的资产配置以及创业活动中也发挥着重要作用，并且在家庭成员劳动供给决策中也扮演着重要角色。

本章研究了住房财富对家庭成员劳动供给的影响。首先推导了住房增值与个体劳动供给的理论模型，发现住房增值与个体劳动供给存在负相关关系。在此基础上，基于 2017 年中国家庭金融调查数据，选取工具变量，实证分析了住房财富对家庭成员劳动供给的影响。

本章的研究结论主要有：①住房财富和家庭成员劳动供给之间存在负向因果关系。住房财富增加会显著降低家庭成员参与劳动力市场的概率，也会减少他们的劳动时间。分性别来看，住房财富不仅显著降低女性劳动供给，也会显著降低男性劳动供给。②住房增值也会显著减少家庭总的工作人数，显著降低工作人数占适龄劳动力的比例。③住房增值对一二线城市和高收入家庭的个体劳动参与率有更大的影响，但是对受过高等教育个体的劳动参与率的影响更小。④住房增值对年轻个体的劳动参与率没有显著影响，但会显著降低中年个体特别是临近退休的个体劳动参与率。⑤住房的居住功能和投资功能均能显著降低家庭成员劳动参与的概率，且投资属性的住房对家庭成员劳动参与的作用更大。⑥无自有住房家庭的劳动参与决策不受影响。

从家庭特征变量看，债务对家庭成员劳动参与具有显著正向影响。家庭收入对家庭成员劳动参与具有显著负向影响，家庭净财富则对家庭成员参与劳动力市场的影响呈倒"U"形。孩子数量越多，个体参与劳动力市场的概率越小。家庭参与股票市场会降低劳动参与的概率。家庭拥有自有车辆则几乎对家庭成员劳动参与决策没有显著影响。从个人特征变量看，女性相比男性而言，劳动参与率更低。年龄对劳动参与决策的影响呈倒"U"形。受教育年限越多，身体状况越好，个体参与劳动力市场的概率越大。已婚个体需要担负"养家糊口"的责任，因而参与劳动力市场的概率越大。风险态度对家庭成员劳动参与决策没有显著影响。从宏观特征变量看，地区失业率对家庭成员参与劳动力市场的概率没有显著影响，地区人均 GDP 对家庭成员劳动参与具有显著正向影响。

8 研究结论及政策建议

8.1 研究结论

　　首先，住房财富降低了城镇家庭储蓄率。住房增值增加1%，城镇家庭储蓄率将下降2.0%。住房价值增加1%，城镇家庭储蓄率将下降1.2%；住房净财富增加1%，城镇家庭储蓄率将下降1.2%。异质性分析发现，住房价值对一二线城市、低收入家庭和低财富家庭的储蓄率有更大的影响。进一步分析发现，住房价值对家庭储蓄率在青年家庭和中年家庭有显著影响，在老年家庭影响不显著。无房和租房家庭会提高家庭的储蓄率。房屋数量对城镇家庭储蓄率也有显著负向影响，卖房行为和卖房价值均会显著降低城镇家庭储蓄率，住房的居住功能和投资功能均能显著降低城镇家庭储蓄率。机制分析发现，住房价值主要通过缓解家庭面临的流动性约束和降低家庭的预防性储蓄动机进而降低家庭储蓄率。采用多种方式对住房财富和家庭储蓄率的关系进行多次检验，均显示住房财富影响家庭储蓄率的主要结论是稳健的。

　　其次，住房财富提高了家庭风险资产投资的可能性和比例。我们发现，住房价值每增加1%，家庭金融市场参与的可能性就增加1.43%；住房净财富每增加1%，家庭金融市场参与的可能性就增加1.22%。异质性结果表明，住房财富对家庭金融市场参与的影响在一线和二线城市、东部地区以及户主身体健康、户主有工作和户主受过高等教育的家庭更大。进一步分析还发现，房屋数量、住房的消费属性和投资属性、卖房行为和卖房价值均对家庭资产组合管理产生显著正向影响。住房财富对家庭风险金融资产配置比例也有显著正向影响。机制分析表明，住房财富的增加通过增加对多样化和持有更多类型的风险金融资产的需求，从而对家庭资产配置产生影响。基于工具变量法的稳健估计、剔除样本期间购房的样本以及基于面板数据的一阶差分估计均显示住房财富对家庭参与金融市场的影响是显著的。

再次，住房财富提高了家庭创业的可能性。住房价值对城镇家庭新增创业的边际效应为 0.57%，在 1% 的水平上显著；住房净财富对城镇家庭新增创业的边际效应为 0.56%，在 1% 的水平上显著。可见，住房财富是家庭创业的助推器，对促进家庭创业具有积极作用。此外，住房财富对创业家庭的经营活动具有重要影响。住房财富显著扩大了创业家庭的经营规模，提高了创业家庭的经营绩效，并且显著降低了家庭成员在创业项目上的劳动供给，减少了投入天数和投入小时数，扩大了雇佣员工的数量。住房财富对创业决策的作用在不同区域和不同人群存在异质性。研究发现，住房财富在三四五线城市和中西部地区对促进家庭创业有更为显著的作用；住房财富对户主非高等教育和户主身体健康的家庭创业有更为显著的影响。进一步分析发现，住房财富在不同类型创业中发挥不同的作用。本书发现，住房财富不仅对促进家庭创业有积极作用，还促进了家庭主动创业，促进了老板型创业和小微企业创业。住房财富不仅提高了家庭未来创业的意愿，还降低了家庭创业失败的概率。机制检验结果表明，住房财富影响创业的机制主要是信贷效应和财富效应。住房财富通过提高工商业信贷可得性和缓解家庭面临的流动性约束，充当家庭创业的初始资本，使得家庭跨越创业所需的资金门槛，从而促进家庭创业。通过替换工具变量、一阶差分估计和采用不同的被解释变量定义等均显示住房财富对家庭创业的影响是显著的。

最后，住房财富降低了家庭成员的劳动供给。住房财富增加会显著降低家庭成员参与劳动力市场的概率，也会减少他们的劳动时间。分性别来看，住房财富不仅显著降低女性劳动供给，也会显著降低男性劳动供给。住房增值也会显著减少家庭总的工作人数，显著降低工作人数占适龄劳动力的比例。异质性分析表明，住房增值对一二线城市和高收入家庭的个体劳动参与率有更大的影响，但是对受过高等教育个体的劳动参与率的影响更小。进一步分析发现，住房增值对年轻个体的劳动参与率没有显著影响，但会显著降低中年个体特别是临近退休的个体劳动参与率。住房的居住功能和投资功能均能显著降低家庭成员劳动参与的概率，且投资属性的住房对家庭成员劳动参与的作用更大。无自有住房家庭的劳动参与决策不受影响。通过替换工具变量，采用不同的关键解释变量定义、被解释变量定义以及进一步限定样本，均证实住房财富对家庭成员劳动供给的影响结果是稳健的。

8.2 政策建议

《中华人民共和国国民经济和社会发展第十四个五年规划和2035年远景目标纲要》中强调，要完善住房市场体系和住房保障体系。2021年政府工作报告也强调，要因城施策促进房地产市场平稳健康发展。通过第2章对中国住房市场发展历程的梳理和回顾，以及对不同阶段住房调控政策的总结归纳，我们可以看到，住房和土地、住房和金融、住房和财政、住房和税收都有紧密的联系。为了稳定地价、房价和居民预期，政府应建立住房和土地联动机制，加强房地产金融调控，发挥住房税收调节作用。在现阶段，应有力有序扩大城市租赁住房供给，加快培育和发展住房租赁市场。

在实证部分，本书研究发现住房财富对家庭创业和金融市场参与都有显著的正向影响。住房财富对家庭储蓄率和家庭劳动供给均有显著的负向影响。基于本书研究成果，我们获得的主要启示体现在以下方面：

家庭部门是国民经济核算体系的重要组成部分，家庭既是消费者，又是投资者，还是社会资金的主要供给者，在促进整个国民经济可持续发展的过程中发挥着重要作用。宏观经济结果是微观行为决策的综合反应，房价的起落会影响家庭行为，最终传导到整个宏观经济。因此，政府在制定住房政策时，要全面考虑住房市场和商品市场、劳动力市场、资本市场诸多宏观市场之间的联动性，避免房价大幅度起落所带来的负效应传导、扩大到其他市场，最终对宏观经济造成不利冲击。

关于住房与储蓄率，研究发现，住房财富对家庭储蓄率有显著的作用。由于流动性约束和预防性储蓄动机等原因，中国家庭高储蓄的事实由来已久。在当前构建以国内大循环为主体的新格局下，政府深入实施扩大内需战略，增强消费对经济发展的基础性作用尤为重要。住房财富的增加，能够缓解家庭面临的流动性约束，降低家庭的预防性储蓄动机，降低了家庭的储蓄率，对提高家庭消费水平发挥重要作用。因此，在当前扩大内需、刺激消费的大背景下，相关政策的制定和调整需要充分重视住房对家庭储蓄行为的潜在影响。

关于住房与资产选择，研究发现，住房财富促进家庭参与股票市场和金融市场，提高了金融资产的配置比例。住房资产和金融资产作为家庭资产的重要组成部分，在流动性、安全性和收益性等方面具有不同的特点。因此，需要厘清住房市场和资本市场的互动机理，要考虑到住房市场对资本市场的可能影响，以进一步实现家庭资产配置合理化、多样化、分散化。

关于住房与创业，研究发现住房财富提高了家庭创业的概率，相关政策的制定和调整需要充分重视住房对家庭创业行为的潜在影响。住房财富积累，通过信贷效应和财富效应，显著促进家庭创业活动。住房财富在三四五线城市和中西部地区对促进家庭创业发挥更为显著的作用；住房财富对户主非高等教育和户主身体健康的家庭创业有更为显著的影响。住房财富对中年家庭的创业活动有显著影响。因此，有房家庭应在坚持房住不炒的前提下，运用好已有的住房资产，发挥现有住房资产的财富效应和信贷效应，促进创业活动。监管部门和金融机构应规范有房家庭的贷款行为，不断优化与创业相关的住房抵押贷款政策，注意贷款政策的差异性和针对性，降低家庭以房产抵押获取创业所需资金的门槛。监管部门应鼓励金融机构对不同区域、不同城市和不同贷款人实行差异化贷款产品设计，应加大对中西部地区和三四五线城市有创业意愿家庭的定向支持力度，克服由于资金不足和地域限制等因素对创业造成的不利影响。加大对中年群体的创业扶持力度，积极出台相关的政策法规鼓励中年人积极创业，以创业带动就业。政府应在合理控制房价的前提下，加强房地产市场的宏观调控，努力解决无房家庭的住房问题，促进全社会的创新创业。

关于住房与劳动供给，房价高涨带来的财富效应将挤出个体的劳动参与和劳动供给，这将会造成更严重的劳动力供需失衡问题，有关部门应积极协调住房政策和就业政策，以充分利用劳动力资源。不同城市的房价往往表现出较大的差异性，这对当地个体劳动参与会产生异质性影响，应建立房地产分类调控机制，做到分类调控、因城施策。住房财富会降低临近退休的个体劳动供给，因此有关部门应引起重视，协调住房政策和延迟退休政策。住房财富挤出已婚女性参与劳动力市场，为女性照料小孩提供了时间，并间接降低了照料的机会成本，有关部门应引起重视，协调住房政策和三孩政策，在稳房价的同时鼓励推进落实全面三孩政策。

最后，由于各国在住房市场制度和其他相关制度、社会文化、个体行为特征等存在显著差异，住房财富对家庭行为的影响，就与国外其他国家存在区别。在完善住房市场、商品市场、资本市场和劳动力市场制度体系时，在借鉴其他国家优秀经验的基础上，需要充分结合中国实际，加快建立"多主体供给、多渠道保障、租购并举"的住房制度，实现"让全体人民住有所居"的根本目标。积极推进住房供给侧改革，从供给端解决住房市场发展不平衡不充分的问题。

参考文献

［1］白重恩，吴斌珍，金烨．中国养老保险缴费对消费和储蓄的影响［J］．中国社会科学，2012（8）：48-71．

［2］蔡栋梁，何翠香，方行明．住房及房价预期对家庭创业的影响［J］．财经科学，2015（6）：108-118．

［3］蔡栋梁，邱黎源，孟晓雨，等．流动性约束、社会资本与家庭创业选择：基于 CHFS 数据的实证研究［J］．管理世界，2018（9）：79-94．

［4］陈刚．管制与创业：来自中国的微观证据［J］．管理世界，2015（5）：89-99．

［5］陈斌开，杨汝岱．土地供给，住房价格与中国城镇居民储蓄［J］．经济研究，2013（1）：110-122．

［6］陈彦斌，邱哲圣．高房价如何影响居民储蓄率和财产不平等［J］．经济研究，2011（10）：25-38．

［7］程令国，张晔．早年的饥荒经历影响了人们的储蓄行为吗？——对我国居民高储蓄率的一个新解释［J］．经济研究，2011（8）：119-132．

［8］程杰．养老保障的劳动供给效应［J］．经济研究，2014（10）：60-73．

［9］程郁，韩俊，罗丹．供给配给与需求压抑交互影响下的正规信贷约束：来自 1874 户农户金融需求行为考察［J］．世界经济，2009（5）：73-82．

［10］邓睿．健康权益可及性与农民工城市劳动供给：来自流动人口动态监测的证据［J］．中国农村经济，2019（4）：92-110．

［11］段军山，崔蒙雪．信贷约束、风险态度与家庭资产选择［J］．统计研

究，2016（6）：62-71.

[12] 杜凤莲. 家庭结构、学前教育与女性劳动参与：来自中国非农村的证据 [J]. 世界经济文汇，2008（2）：1-12.

[13] 杜凤莲，张胤钰，董晓媛. 儿童照料方式对中国城镇女性劳动参与率的影响 [J]. 世界经济文汇，2018（3）：1-19.

[14] 范子英，刘甲炎. 为买房而储蓄：兼论房产税改革的收入分配效应 [J]. 管理世界，2015（5）：18-27.

[15] 范红丽，陈璐. 替代效应还是收入效应？——家庭老年照料对女性劳动参与率的影响 [J]. 人口与经济，2015（1）：91-98.

[16] 冯其云，朱彤. 贸易开放与女性劳动参与率：基于省级面板数据的经验研究 [J]. 南开经济研究，2013（4）：139-152.

[17] 盖庆恩，朱喜，史清华. 财富对创业的异质性影响：基于三省农户的实证分析 [J]. 财经研究，2013（5）：134-144.

[18] 甘犁，赵乃宝，孙永智. 收入不平等、流动性约束与中国家庭储蓄率 [J]. 经济研究，2018（12）：34-50.

[19] 甘犁，尹志超，贾男，等. 中国家庭资产状况及住房需求分析 [J]. 金融研究，2013（4）：1-14.

[20] 高梦滔. 新型农村合作医疗与农户储蓄：基于 8 省微观面板数据的经验研究 [J]. 世界经济，2010（4）：121-133.

[21] 杭斌. 习惯形成下的农户缓冲储备行为 [J]. 经济研究，2009（1）：96-105.

[22] 杭斌，余峰. 潜在流动性约束与城镇家庭消费 [J]. 统计研究，2018（7）：102-114.

[23] 何婧，李庆海. 数字金融使用与农户创业行为 [J]. 中国农村经济，2019（1）：112-126.

[24] 何立新，封进，佐藤宏. 养老保险改革对家庭储蓄率的影响：中国的经验证据 [J]. 经济研究，2008（10）：117-130.

[25] 胡金焱，张博. 社会网络，民间融资与家庭创业：基于中国城乡差异的实证分析 [J]. 金融研究，2014（10）：148-163.

［26］胡翠，许召元. 人口老龄化对储蓄率影响的实证研究［J］. 经济学（季刊），2014（4）：1345-1364.

［27］黄静，屠梅曾. 房地产财富与消费：来自于家庭微观调查数据的证据［J］. 管理世界，2009（7）：35-45.

［28］黄宏伟，展进涛，陈超. "新农保"养老金收入对农村老年人劳动供给的影响［J］. 中国人口科学，2014（2）：106-115.

［29］黄枫. 人口老龄化视角下家庭照料与城镇女性就业关系研究［J］. 财经研究，2012（9）：16-26.

［30］蒋剑勇，郭红东. 创业氛围、社会网络和农民创业意向［J］. 中国农村观察，2012（2）：20-27.

［31］蒋承，赵晓军. 中国老年照料的机会成本研究［J］. 管理世界，2009（10）：80-87.

［32］金烨，李宏彬，吴斌珍. 收入差距与社会地位寻求：一个高储蓄率的原因［J］. 经济学（季刊），2011（3）：887-912.

［33］李春玲，李实. 市场竞争还是性别歧视：收入性别差异扩大趋势及其原因解释［J］. 社会学研究，2008（2）：94-117.

［34］李涛，朱俊兵，伏霖. 聪明人更愿意创业吗？——来自中国的经验发现［J］. 经济研究，2017（3）：91-105.

［35］李雪松，黄彦彦. 房价上涨，多套房决策与中国城镇居民储蓄率［J］. 经济研究，2015（9）：100-113.

［36］李雪莲，马双，邓翔. 公务员家庭、创业与寻租动机［J］. 经济研究，2015（5）：89-103.

［37］李江一，李涵. 住房对家庭创业的影响：来自 CHFS 的证据［J］. 中国经济问题，2016（2）：53-67.

［38］李江一，李涵. 新型农村社会养老保险对老年人劳动参与的影响：来自断点回归的经验证据［J］. 经济学动态，2017（3）：62-73.

［39］李琴，雷晓燕，赵耀辉. 健康对中国中老年人劳动供给的影响［J］. 经济学（季刊），2014（3）：917-938.

［40］李剑，臧旭恒. 住房价格波动与中国城镇居民消费行为——基于

2004~2011 年省际动态面板数据的分析［J］. 南开经济研究，2015（1）：89-101.

［41］李春风，刘建江，陈先意. 房价上涨对我国城镇居民消费的挤出效应研究［J］. 统计研究，2014（12）：32-40.

［42］梁银鹤，禹思恬，董志勇. 房产财富与劳动供给行为：基于 CFPS 微观面板数据的分析［J］. 经济科学，2019（1）：95-107.

［43］刘生龙. 健康对农村居民劳动力参与的影响［J］. 中国农村经济，2008（8）：25-33.

［44］刘生龙，胡鞍钢，郎晓娟. 预期寿命与中国家庭储蓄［J］. 经济研究，2012（8）：107-117.

［45］刘刚，王泽宇，程熙镕. "朋友圈"优势，内群体条件与互联网创业：基于整合社会认同与嵌入理论的新视角［J］. 中国工业经济，2016（8）：110-126.

［46］刘岚，齐良书，董晓媛. 中国城镇中年男性和女性的家庭照料提供与劳动供给［J］. 世界经济文汇，2016（1）：21-35.

［47］刘凌晨，曾益. 新农保覆盖对农户劳动供给的影响［J］. 农业技术经济，2016（6）：56-67.

［48］刘子兰，郑茜文，周成. 养老保险对劳动供给和退休决策的影响［J］. 经济研究，2019（6）：151-167.

［49］罗明忠，陈明. 人格特质，创业学习与农民创业绩效［J］. 中国农村经济，2014（10）：62-75.

［50］马光荣，杨恩艳. 社会网络，非正规金融与创业［J］. 经济研究，2011（3）：83-94.

［51］马光荣，周广肃. 新型农村养老保险对家庭储蓄的影响：基于 CFPS 数据的研究［J］. 经济研究，2014（11）：116-129.

［52］马焱，李龙. 照料老年父母对城镇已婚中青年女性就业的影响［J］. 人口与经济，2014（2）：39-47.

［53］彭青青，李宏彬，施新政，等. 中国市场化过程中城镇女性劳动参与率变化趋势［J］. 金融研究，2017（6）：33-49.

［54］普蒉喆，郑风田．高房价与城镇居民创业：基于 CHIP 微观数据的实证分析［J］．经济理论与经济管理，2016（3）：31-44.

［55］秦立建，秦雪征，蒋中一．健康对农民工外出务工劳动供给时间的影响［J］．中国农村经济，2012（8）：38-45.

［56］阮荣平，郑风田，刘力．信仰的力量：宗教有利于创业吗？［J］．经济研究，2014（3）：171-184.

［57］沈可，章元，鄢萍．中国女性劳动参与率下降的新解释：家庭结构变迁的视角［J］．人口研究，2012（5）：15-27.

［58］孙光林，李庆海，杨玉梅．金融知识对被动失地农民创业行为的影响：基于 IV-Heckman 模型的实证［J］．中国农村观察，2019（3）：124-144.

［59］童玉芬，廖宇航．健康状况对中国老年人劳动参与决策的影响［J］．中国人口科学，2017（6）：105-116.

［60］万广华，史清华，汤树梅．转型经济中农户储蓄行为：中国农村的实证研究［J］．经济研究，2003（5）：3-12.

［61］王春超，袁伟．社会网络，风险分担与农户储蓄率［J］．中国农村经济，2016（3）：25-35.

［62］王靖雯，魏思琦．"婚姻法司法解释三"对女性劳动力供给的影响［J］．经济学动态，2016（7）：44-50.

［63］王策，周博．房价上涨，涟漪效应与预防性储蓄［J］．经济学动态，2016（8）：71-81.

［64］伍再华，谢北辰，郭新华．借贷约束、金融素养与中国家庭股票市场"有限参与"之谜［J］．现代财经，2017（12）：20-35.

［65］吴晓瑜，王敏，李力行．中国的高房价是否阻碍了创业？［J］．经济研究，2014（9）：121-134.

［66］吴伟平，章元，刘乃全．房价与女性劳动参与决策：来自 CHNS 数据的证据［J］．经济学动态，2016（11）：57-67.

［67］谢绚丽，沈艳，张皓星，等．数字金融能促进创业吗？——来自中国的证据［J］．经济学（季刊），2018（4）：1557-1580.

［68］解垩．"新农保"对农村老年人劳动供给及福利的影响［J］．财经研

究，2015（8）：39-49.

［69］许庆，刘进."新农合"制度对农村妇女劳动供给的影响［J］.中国人口科学，2015（3）：99-107.

［70］杨婵，贺小刚，李征宇.家庭结构与农民创业：基于中国千村调查的数据分析［J］.中国工业经济，2017（12）：170-188.

［71］杨震宁，李东红，范黎波.身陷"盘丝洞"：社会网络关系嵌入过度影响了创业过程吗？［J］.管理世界，2013（12）：101-116.

［72］杨志海，麦尔旦·吐尔孙，王雅鹏.健康冲击对农村中老年人农业劳动供给的影响：基于CHARLS数据的实证分析［J］.中国农村观察，2015（3）：24-37.

［73］姚先国，谭岚.家庭收入与中国城镇已婚妇女劳动参与决策分析［J］.经济研究，2005（7）：18-27.

［74］叶菁菁，吴燕，陈方豪，等.个人所得税减免会增加劳动供给吗？——来自准自然实验的证据［J］.管理世界，2017（12）：20-32.

［75］易行健，王俊海，易君健.预防性储蓄动机强度的时序变化与地区差异：基于中国农村居民的实证研究［J］.经济研究，2008（2）：119-131.

［76］易行健，张波，杨汝岱，等.家庭社会网络与农户储蓄行为：基于中国农村的实证研究［J］.管理世界，2012（5）：43-51.

［77］易行健，张波，杨碧云.外出务工收入与农户储蓄行为：基于中国农村居民的实证检验［J］.中国农村经济，2014（6）：41-55.

［78］尹志超，宋全云，吴雨，等.金融知识，创业决策和创业动机［J］.管理世界，2015（1）：87-98.

［79］尹志超，宋鹏，黄倩.信贷约束与家庭资产选择：基于中国家庭金融调查数据的实证研究［J］.投资研究，2015（1）：4-24.

［80］尹志超，马双.信贷需求，信贷约束和新创小微企业［J］.经济学（季刊），2016（3）：124-146.

［81］尹志超，张诚.女性劳动参与对家庭储蓄率的影响［J］.经济研究，2019（4）：165-181.

［82］尹志超，公雪，郭沛瑶.移动支付对创业的影响：来自中国家庭金融

调查的微观证据［J］．中国工业经济，2019（3）：119-137．

［83］袁志刚，宋铮．人口年龄结构，养老保险制度与最优储蓄率［J］．经济研究，2000（11）：24-32．

［84］张萃．什么使城市更有利于创业？［J］．经济研究，2018（4）：151-166．

［85］张龙耀，张海宁．金融约束与家庭创业：中国的城乡差异［J］．金融研究，2013（9）：123-135．

［86］张川川，John Giles，赵耀辉．新型农村社会养老保险政策效果评估：收入、贫困、消费、主观福利和劳动供给［J］．经济学（季刊），2015（1）：203-230．

［87］张川川．养老金收入与农村老年人口的劳动供给：基于断点回归的分析［J］．世界经济文汇，2015（6）：76-89．

［88］张川川，王靖雯．性别角色与女性劳动力市场表现［J］．经济学（季刊），2020（3）：977-994．

［89］张世伟，周闯．工薪所得税减除费用标准提升的作用效果：基于劳动供给行为微观模拟的研究途径［J］．世界经济，2010（2）：67-82．

［90］张浩，易行健，周聪．房产价值变动，城镇居民消费与财富效应异质性：来自微观家庭调查数据的分析［J］．金融研究，2017（8）：50-66．

［91］赵西亮，梁文泉，李实．房价上涨能够解释中国城镇居民高储蓄率吗？——基于CHIP微观数据的实证分析［J］．经济学（季刊），2013（1）：81-102．

［92］赵宁，李永杰．贸易全球化对女性劳动参与率的影响［J］．中国人口科学，2015（4）：83-92．

［93］周广肃，谢绚丽，李力行．信任对家庭创业决策的影响及机制探讨［J］．管理世界，2015（12）：121-129．

［94］周京奎，黄征学．住房制度改革，流动性约束与"下海"创业选择：理论与中国的经验研究［J］．经济研究，2014（3）：158-170．

［95］朱红根，康兰媛．金融环境，政策支持与农民创业意愿［J］．中国农村观察，2013（5）：24-33．

［96］Abbott M, Ashenfelter O. Labor Supply, Commodity Demand and the Allocation of Time ［J］. The Review of Economic Studies, 1976, 43 (3): 389-411.

［97］Acemoglu D, Autor D H, Lyle D. Women, War, and Wages: The Effect of Female Labor Supply on the Wage Structure at Midcentury ［J］. Journal of Political Economy, 2004, 112 (3): 497-551.

［98］Adelino M, Schoar A, Severino F. House Prices, Collateral and Self-Employment ［J］. Journal of Financial Economics, 2015, 117 (2): 288-306.

［99］Altonji J G, Dunn T A. An Intergenerational Model of Wages, Hours and Earnings ［J］. Journal of Human Resources, 2000, 35 (2): 221-258.

［100］Ardagna S, Lusardi A. Heterogeneity in the Effect of Regulation on Entrepreneurship and Entry Size ［J］. Journal of the European Economic Association, 2010, 8 (2-3): 594-605.

［101］Arrufat J L, Zabalza A. Female Labor Supply with Taxation, Random Preferences, and Optimization Errors ［J］. Econometrica, 1986, 54 (1): 47-63.

［102］Ashenfelter O, Ham J. Education, Unemployment, and Earnings ［J］. Journal of Political Economy, 1979, 87 (5): S99-S116.

［103］Atalay K, Barrett G, Edwards F. Housing Wealth Effects on Labour Supply: Evidence from Australia ［D］. Mimeo, University of Sydney, 2016.

［104］Attanasio O, Low H, Sanchezmarcos V. Explaining Changes in Female Labor Supply in a Life-Cycle Model ［J］. The American Economic Review, 2008, 98 (4): 1517-1552.

［105］Attanasio O P, Blow L, Hamilton R, et al. Booms and Busts: Consumption, House Prices and Expectations ［J］. Economica, 2009, 76 (301): 20-50.

［106］Banerjee A, Newman A F. Occupational Choice and the Process of Development ［J］. Journal of Political Economy, 1993, 101 (2): 274-298.

［107］Banerjee A, Meng X, Qian N. The Life Cycle Model and Household Savings: Micro Evidence from Urban China ［R］. National Bureau of Demographic Dividends Revisited, 2010.

［108］Barasinska N, Schaefer D, Stephan A. Individual Risk Attitudes and the

Composition of Financial Portfolios: Evidence from German Household Portfolios [J] . The Quarterly Review of Economics and Finance, 2012, 52 (1): 1-14.

[109] Been J, Rohwedder S, Hurd M. Does Home Production Replace Consumption Spending? Evidence from Shocks in Housing Wealth in the Great Recession [J] . Review of Economics and Statistics, 2020, 102 (1): 113-128.

[110] Benito A. Housing Equity as a Buffer: Evidence from UK Households [Z] . Bank of England Working Papers, 2007.

[111] Beracha E, Skiba A, Johnson K H. Housing Ownership Decision Making in the Framework of Household Portfolio Choice [J] . Journal of Real Estate Research, 2017, 39 (2): 263-287.

[112] Bertaut C C. Stockholding Behavior of Us Households: Evidence from 1983-1989 Survey of Consumer Finances [J] . Review of Economics and Statistics, 1998 (80): 263-275.

[113] Berkovec J, Fullerton D. A General Equilibrium Model of Housing, Taxes, and Portfolio Choice [J] . Journal of Political Economy, 1992, 100 (2): 390-429.

[114] Birley S. The Role of Networks in the Entrepreneurial Process [J] . Journal of Business Venturing, 1985, 1 (1): 107-117.

[115] Black J, De Meza D, Jeffreys D. House Prices, the Supply of Collateral and the Enterprise Economy [J] . The Economic Journal, 1996, 106 (434): 60-75.

[116] Black D A, Kolesnikova N, Taylor L J. Why Do So Few Women Work in New York (and So Many in Minneapolis)? Labor Supply of Married Women across US Cities [J] . Journal of Urban Economics, 2014, 79: 59-71.

[117] Blanchflower D G, Oswald A J. What Makes an Entrepreneur [J] . Journal of Labor Economics, 1998, 16 (1): 26-60.

[118] Blanchflower D G, Shadforth C. Entrepreneurship in the UK [J] . Foundations and Trends? in Entrepreneurship, 2007, 3 (4): 257-364.

[119] Bodie Z, Crane D B. Personal Investing: Advice, Theory, and Evidence

[J] . Financial Analysts Journal, 1997, 53 (6): 13-23.

[120] Bostic R, Gabriel S, Painter G. Housing Wealth, Financial Wealth, and Consumption: New Evidence from Micro Data [J] . Regional Science and Urban Economics, 2009, 39 (1): 79-89.

[121] Brown J R, Coile C, Weisbenner S J. The Effect of Inheritance Receipt on Retirement [J] . The Review of Economics and Statistics, 2010, 92 (2): 425-434.

[122] Browning M, Lusardi A. Household Saving: Micro Theories and Micro Facts [J] . Journal of Economic literature, 1996, 34 (4): 1797-1855.

[123] Browning M, Gortz M, Lethpetersen S. Housing Wealth and Consumption: A Micro Panel Study [J] . The Economic Journal, 2013, 123 (568): 401-428.

[124] Brueckner J K. Consumption and Investment Motives and the Portfolio Choices of Homeowners [J] . Journal of Real Estate Finance and Economics, 1997, 15 (2): 159-180.

[125] Buera F J. A Dynamic Model of Entrepreneurship with Borrowing Constraints: Theory and Evidence [J] . Annals of Finance, 2009, 5 (3): 443-464.

[126] Butelmann A, Gallego F. Household Saving in Chile (1988 and 1997): Testing the Life Cycle Hypothesis [J] . Cuadernos de Economía, 2001, 38 (113): 3-48.

[127] Calomiris C, Longhofer S D, Miles W. The (mythical?) Housing Wealth Effect [R] . NBER Working Paper, 2009.

[128] Campbell J Y. Household Finance [J] . Journal of Finance, 2006, 61 (4): 1553-1604.

[129] Campbell J Y, Cocco J F. How Do House Prices Affect Consumption? Evidence from Micro Data [J] . Journal of Monetary Economics, 2007, 54 (3): 591-621.

[130] Cardak B A, Wilkins R. The Determinants of Household Risky Asset Holdings: Australian Evidence on Background Risk and Other Factors [J] . Journal of Banking and Finance, 2009, 33 (5): 850-860.

[131] Carroll C D. Buffer-stock Saving and the Life Cycle/Permanent Income Hypothesis [J]. The Quarterly Journal of Economics, 1997, 112 (1): 1-55.

[132] Carroll C D, Overland J, Weil D N. Saving and Growth with Habit Formation [J]. The American Economic Review, 2000, 90 (3): 341-355.

[133] Carroll C D. A Theory of the Consumption Function, with and without Liquidity Constraints [J]. Journal of Economic Perspectives, 2001, 15 (3): 23-45.

[134] Carroll C D, Kimball M S. Liquidity Constraints and Precautionary Saving [R]. NBER Working Paper, 2001.

[135] Carroll C D, Otsuka M, Slacalek J. How Large are Housing and Financial Wealth Effects? A New Approach [J]. Journal of Money, Credit and Banking, 2011, 43 (1): 55-79.

[136] Case K E, Quigley J M, Schiller R J. Comparing Wealth Effects: The Stock Market versus the Housing Market [J]. Advances in Macroeconomics, 2005 (5): 2-3.

[137] Case K E, Quigley J M. How Housing Booms Unwind: Income Effects, Wealth Effects, and Feedbacks Through Financial Markets [J]. International Journal of Housing Policy, 2008, 8 (2): 161-180.

[138] Chamon M, Prasad E S. Why are Saving Rates of Urban Households in China Rising [J]. American Economic Journal: Macroeconomics, 2010, 2 (1): 93-130.

[139] Chen K, Imrohoroglu A, Imrohoroglu S. The Japanese Saving Rate [J]. The American Economic Review, 2006, 96 (5): 1850-1858.

[140] Chen X, Ji X. The Effect of House Price on Stock Market Participation in China: Evidence from the CHFS Microdata [J]. Emerging Markets Finance and Trade, 2017, 53 (5): 1030-1044.

[141] Chen C L, Kuan C M, Lin C C. Saving and Housing of Taiwanese Households: New Evidence from Quantile Regression Analyses [J]. Journal of Housing Economics, 2007, 16 (2): 102-126.

[142] Chen J, Hardin Ⅲ W, Hu M. Housing, Wealth, Income and Consump-

tion: China and Homeownership Heterogeneity [J] . Real Estate Economics, 2020, 48 (2), 373-405.

[143] Chetty R, Sandor L, Szeidl A. The Effect of Housing on Portfolio Choice [J] . Journal of Finance, 2017, 72 (3): 1171-1212.

[144] Cocco J F. Portfolio Choice in the Presence of Housing [J] . Review of Financial Studies, 2005, 18 (2): 535-567.

[145] Cocco J F, Gomes F, Maenhout P J. Consumption and Portfolio Choice over the Life Cycle [J] . Review of Financial Studies, 2005, 18 (2): 491-533.

[146] Connelly R. The Effect of Child Care Costs on Married Women's Labor Force Participation [J] . The Review of Economics and Statistics, 1992, 74 (1): 83-90.

[147] Connolly E, La Cava G, Read M. Housing Prices and Entrepreneurship: Evidence for the Housing Collateral Channel in Australia [Z] . Small Business Conditions and Finance, Proceedings of a Conference, Reserve Bank of Australia, Sydney, 2015.

[148] Corradin S, Popov A A. House Prices, Home Equity Borrowing, and Entrepreneurship [J] . Review of Financial Studies, 2015, 28 (8): 2399-2428.

[149] Cronqvist H, Siegel S. The Genetics of Investment Biases [J] . Journal of Financial Economics, 2014, 113 (2): 215-234.

[150] Davidoff T. Home Equity Commitment and Long-term Care Insurance Demand [J] . Journal of Public Economics, 2010, 94 (1): 44-49.

[151] Dass N, Massa M. The Impact of a Strong Bank-Firm Relationship on the Borrowing Firm [J] . Review of Financial Studies, 2011, 24 (4): 1204-1260.

[152] Deaton A. Saving and Liquidity Constraints [J] . Econometrica, 1991, 59 (5): 1221-1248.

[153] De Mel S, Mckenzie D J, Woodruff C. Returns to Capital in Microenterprises: Evidence from a Field Experiment [J] . Quarterly Journal of Economics, 2008, 123 (4): 1329-1372.

[154] Del Boca D, Lusardi A. Credit Market Constraints and Labor Market Deci-

sions [J]. Labor Economics, 2003, 10 (6): 681-703.

[155] Dettling L J, Kearney M S. House Prices and Birth Rates: The Impact of the Real Estate Market on the Decision to Have a Baby [J]. Journal of Public Economics, 2014 (110): 82-100.

[156] Disney R, Gathergood J. House Prices, Wealth Effects and Labour Supply [J]. Economica, 2018, 85 (339): 449-478.

[157] Disney R, Henley A, Stears G. Housing Costs, House Price Shocks and Savings Behavior Among Older Households in Britain [J]. Regional Science and Urban Economics, 2002, 32 (5): 607-625.

[158] Djankov S, Qian Y, Roland G, et al. Who are China's Entrepreneurs? [J]. The American Economic Review, 2006, 96 (2): 348-352.

[159] Dynan K E. How Prudent are Consumers? [J]. Journal of Political Economy, 1993, 101 (6): 1104-1113.

[160] Engelhardt G V. House Prices and the Decision to Save for Down Payments [J]. Journal of Urban Economics, 1994, 36 (2): 209-237.

[161] Engelhardt G V. House Prices and Home Owner Saving Behavior [J]. Regional Science and Urban Economics, 1996, 26 (3-4): 313-336.

[162] Engelhardt G V. Consumption, Down Payments, and Liquidity Constraints [J]. Journal of Money, Credit and Banking, 1996, 28 (2): 255-271.

[163] Evans D S, Jovanovic B. An Estimated Model of Entrepreneurial Choice under Liquidity Constraints [J]. Journal of Political Economy, 1989, 97 (4): 808-827.

[164] Evans D S, Leighton L S. Some Empirical Aspects of Entrepreneurship [J]. The American Economic Review, 1989, 79 (3): 79-99.

[165] Fairlie R W, Krashinsky H A. Liquidity Constraints, Household Wealth, and Entrepreneurship Revisited [J]. Review of Income and Wealth, 2012, 58 (2): 279-306.

[166] Fang H, Gu Q, Xiong W, et al. Demystifying the Chinese Housing Boom [J]. NBER Macroeconomics Annual, 2016, 30 (1): 105-166.

［167］Farnham M, Schmidt L, Sevak P. House Prices and Marital Stability ［J］. The American Economic Review, 2011, 101 (3): 615-619.

［168］Flavin M, Yamashita T. Owner-occupied Housing and the Composition of the Household Portfolio ［J］. American Economic Review, 2002 (92): 345-362.

［169］Fortin N M. Allocation Inflexibilities, Female Labor Supply, and Housing Assets Accumulation: Are Women Working To Pay the Mortgage? ［J］. Journal of Labor Economics, 1995, 13 (3): 524-557.

［170］Fratantoni M C. Homeownership and Investment in Risky Assets ［J］. Journal of Urban Economics, 1998, 44 (1): 27-42.

［171］French E. The Effects of Health, Wealth, and Wages on Labour Supply and Retirement Behavior ［J］. The Review of Economic Studies, 2005, 72 (2): 395-427.

［172］French E, Benson D. How Do Sudden Large Losses in Wealth Affect Labor Force Participation ［Z］. Chicago Fed Letter, 2011.

［173］Fu S, Liao Y, Zhang J. The Effect of Housing Wealth on Labor Force Participation: Evidence from China ［J］. Journal of Housing Economics, 2016, 33: 59-69.

［174］Gan J. Housing Wealth and Consumption Growth: Evidence from a Large Panel of Households ［J］. The Review of Financial Studies, 2010, 23 (6): 2229-2267.

［175］Gentry W M, Hubbard R G. Entrepreneurship and Household Saving ［J］. Advances in Economic Analysis & Policy, 2004, 4 (1): 1-57.

［176］Glaeser E L, Kerr S P, Kerr W R. Entrepreneurship and Urban Growth: An Empirical Assessment with Historical Mines ［J］. The Review of Economics and Statistics, 2015, 97 (2): 498-520.

［177］Goldin C, Olivetti C. Shocking Labor Supply: A Reassessment of the Role of World War II on Women's Labor Supply ［J］. The American Economic Review, 2013, 103 (3): 257-262.

［178］Goodman J, Ittner J B. The Accuracy of Home Owners' Estimates of

House Value [J]. Journal of Housing Economics, 1992, 2 (4): 339-357.

[179] Gourinchas P O, Parker J A. Consumption over the Life Cycle [J]. Econometrica, 2002, 70 (1): 47-89.

[180] Grossman S J, Laroque G. Asset Pricing and Optimal Portfolio Choice in the Presence of Illiquid Durable Consumption Goods [J]. Econometrica, 1990, 58 (1): 25-51.

[181] Guiso L, Haliassos M, Jappelli T. Household portfolios [M]. Cambridge, MA: MIT press, 2002.

[182] Hall R E, Mishkin F S. The Sensitivity of Consumption to Transitory Income: Estimates from Panel Data on Households [J]. Econometrica, 1982, 50 (2): 461-481.

[183] Hayashi F. The Permanent Income Hypothesis and Consumption Durability: Analysis based on Japanese Panel Data [J]. The Quarterly Journal of Economics, 1985, 100 (4): 1083-1113.

[184] Hayashi F. The Effect of Liquidity Constraints on Consumption: A Cross-sectional Analysis [J]. The Quarterly Journal of Economics, 1985, 100 (1): 183-206.

[185] Hayashi F. Why Is Japan's Saving Rate So Apparently High? [J]. NBER Macroeconomics Annual, 1986: 147-234.

[186] He Z, Shi X, Lu X, et al. Home Equity and Household Portfolio Choice: Evidence from China [J]. International Review of Economics & Finance, 2019, 60 (C): 149-164.

[187] He Z, Ye J, Shi X. Housing Wealth and Household Consumption in Urban China [J]. Urban Studies, 2020, 57 (8): 1714-1732.

[188] Heaton J, Lucas D. Portfolio Choice in the Presence of Background Risk [J]. The Economic Journal, 2000, 110 (460): 1-26.

[189] Heckman J J. What Has been Learned about Labor Supply in the Past Twenty Years? [J]. American Economic Review, 1993, 83 (2): 116-121.

[190] Henley A. House Price Shocks, Windfall Gains and Hours of Work:

British Evidence [J] . Oxford Bulletin of Economics and Statistics, 2004, 66 (4): 439-456.

[191] Hochguertel S, Van Soest A. The Relation between Financial and Housing Wealth: Evidence from Dutch Households [J] . Journal of Urban Economics, 2001, 49 (2): 374-403.

[192] Holtz-eakin D, Joulfaian D, Rosen H S. The Carnegie Conjecture: Some Empirical Evidence [J] . Quarterly Journal of Economics, 1993, 108 (2): 413-435.

[193] Holtz-Eakin D, Joulfaian D, Rosen H S. Sticking it out: Entrepreneurial Survival and Liquidity Constraints [J] . Journal of Political Economy, 1994, 102 (1): 53-75.

[194] Hong H G, Kubik J D, Stein J C. Social Interaction and Stock Market Participation [J] . Journal of Finance, 2004, 59 (1): 137-163.

[195] Horioka C Y, Wan J. The Determinants of Household Saving in China: A Dynamic Panel Analysis of Provincial Data [J] . Journal of Money, Credit and Banking, 2007, 39 (8): 2077-2096.

[196] Horioka C Y, Watanabe W. Why Do People Save? A Micro-analysis of Motives for Household Saving in Japan [J] . The Economic Journal, 1997, 107 (442): 537-552.

[197] Hotz V J, Miller R A. An Empirical Analysis of Life Cycle Fertility and Female Labor Supply [J] . Econometrica, 1988, 56 (1): 91-118.

[198] Hoynes H W, Mcfadden D. The Impact of Demographics on Housing and Non-Housing Wealth in the United States [R] . NBER Working Paper, No. 4666, 1994: 153-194.

[199] Hu H, Xu J, Zhang X. The Role of Housing Wealth, Financial Wealth, and Social Welfare in Elderly Households' Consumption Behaviors in China [J] . Cities, 2020 (96): 102437.

[200] Hubbard R G, Judd K L, Hall R E, et al. Liquidity Constraints, Fiscal Policy, and Consumption [J] . Brookings Papers on Economic Activity, 1986 (1):

1-59.

[201] Hurst E, Stafford F P. Home is Where the Equity is: Mortgage Refinancing and Household Consumption [J]. Journal of Money, Credit and Banking, 2004, 36 (6): 985-1014.

[202] Hurst E, Lusardi A. Liquidity Constraints, Household Wealth and Entrepreneurship [J]. Journal of Political Economy, 2004, 112 (2): 319-347.

[203] Hyslop D R. Rising US Earnings Inequality and Family Labor Supply: The Covariance Structure of Intrafamily Earnings [J]. American Economic Review, 2001, 91 (4): 755-777.

[204] Imbens G W, Rubin D B, Sacerdote B. Estimating the Effect of Unearned Income on Labor Supply, Earnings, Savings, and Consumption: Evidence from a Survey of Lottery Players [J]. The American Economic Review, 2001, 91 (4): 778-794.

[205] Ioannides Y M. Dynamics of the Composition of Household Asset Portfolios and the Life Cycle [J]. Applied Financial Economics, 1992, 2 (3): 145-159.

[206] Jappelli T. Who is Credit Constrained in the US Economy? [J]. The Quarterly Journal of Economics, 1990, 105 (1): 219-234.

[207] Jappelli T, Pagano M. Consumption and Capital Market Imperfections: An International Comparison [J]. American Economic Review, 1989, 79 (5): 1088-1105.

[208] Jappelli T, Pagano M. Saving, Growth, and Liquidity Constraints [J]. The Quarterly Journal of Economics, 1994, 109 (1): 83-109.

[209] Jappelli T, Pischke J S, Souleles N S. Testing for Liquidity Constraints in Euler Equations with Complementary Data Sources [J]. Review of Economics and Statistics, 1998, 80 (2): 251-262.

[210] Johnson T R, Pencavel J H. Dynamic Hours of Work Functions for Husbands, Wives, and Single Females [J]. Econometrica: Journal of the Econometric Society, 1984, 52 (2): 363-389.

[211] Johnson W R. House Prices and Female Labor Force Participation

［J］. Journal of Urban Economics, 2014, 82: 1-11.

［212］Joulfaian D, Wilhelm M. Inheritance and Labor Supply ［J］. Journal of Human Resources, 1994, 29 (4): 1205-1234.

［213］Juster F T, Lupton J P, Smith J P, et al. The Decline in Household Saving and the Wealth Effect ［J］. The Review of Economics and Statistics, 2006, 88 (1): 20-27.

［214］Kaplan G, Mitman K, Violante G L. Non – durable Consumption and Housing Net Worth in the Great Recession: Evidence from Easily Accessible Data ［J］. Journal of Public Economics, 2020 (189): 104176.

［215］Keane M P, Wolpin K I. The Career Decisions of Young Men ［J］. Journal of Political Economy, 1997, 105 (3): 473-522.

［216］Kimball M S. Precautionary Saving in the Small and in the Large ［J］. Econometrica, 1990, 58 (1): 53-73.

［217］King R G, Levine R. Finance, Entrepreneurship and Growth ［J］. Journal of Monetary Economics, 1993, 32 (3): 513-542.

［218］Klyuev V, Mills P. Is Housing Wealth an "ATM"? The Relationship between Household Wealth, Home Equity Withdrawal, and Saving Rates ［J］. IMF Economic Review, 2007, 54 (3): 539-561.

［219］Knight F H. Risk, Uncertainty and Profit ［M］. Chicago: Courier Corporation, 2012.

［220］Kohlhase J E. Labor Supply and Housing Demand for One-and Two-earner Households ［J］. The Review of Economics and Statistics, 1986, 68 (1): 48-57.

［221］Lazear E P. Balanced Skills and Entrepreneurship ［J］. The American Economic Review, 2004, 94 (2): 208-211.

［222］Leland H E. Saving and Uncertainty: The Precautionary Demand for Saving ［J］. Quarterly Journal of Economics, 1968, 82 (3): 465-473.

［223］Lee J J, Sawada Y. Precautionary Saving under Liquidity Constraints: Evidence from Rural Pakistan ［J］. Journal of Development Economics, 2010, 91 (1): 77-86.

[224] Leroy S F, Singell L D. Knight on Risk and Uncertainty [J] . Journal of Political Economy, 1987, 95 (2): 394-406.

[225] Levhari J D, Srinivasan T N. Optimal Savings under Uncertainty [J] . The Review of Economic Studies, 1969, 36 (2): 153-163.

[226] Li L, Wu X. Housing Price and Entrepreneurship in China [J] . Journal of Comparative Economics, 2014, 42 (2): 436-449.

[227] Li W L, Yao R. The Life - Cycle Effects of House Price Changes [J] . Journal of Money, Credit and Banking, 2007, 39 (6): 1375-1409.

[228] Li H, Li J, Lu Y, et al. Housing Wealth and Labor Supply: Evidence from a Regression Discontinuity Design [J] . Journal of Public Economics, 2020 (183): 104-139.

[229] Lindquist M J, Sol J, Van Praag M. Why Do Entrepreneurial Parents Have Entrepreneurial Children [J] . Journal of Labor Economics, 2015, 33 (2): 269-296.

[230] Love D A. The Effects of Marital Status and Children on Savings and Portfolio Choice [J] . Review of Financial Studies, 2010, 23 (1): 385-432.

[231] Lovenheim M F. The Effect of Liquid Housing Wealth on College Enrollment [J] . Journal of Labor Economics, 2011, 29 (4): 741-771.

[232] Lovenheim M F, Mumford K J. Do Family Wealth Shocks Affect Fertility Choices? Evidence from the Housing Market [J] . The Review of Economics and Statistics, 2013, 95 (2): 464-475.

[233] Lovenheim M F, Reynolds C L. The Effect of Housing Wealth on College Choice: Evidence from the Housing Boom [J] . Journal of Human Resources, 2013, 48 (1): 1-35.

[234] Lusardi A. Household Saving Behavior: The Role of Financial Literacy, Information, and Financial Education Programs [R] . NBER Working Paper, No. 13824, 2008.

[235] Mariger R P. A Life-Cycle Consumption Model with Liquidity Constraints: Theory and Empirical Results [J] . Econometrica, 1987, 55 (3): 533-557.

［236］Mian A R, Sufi A. House Prices, Home Equity-Based Borrowing, and the U. S. Household Leverage Crisis ［J］. The American Economic Review, 2011, 101 (5): 2132-2156.

［237］Mian A R, Rao K, Sufi A. Household Balance Sheets, Consumption, and the Economic Slump ［J］. Quarterly Journal of Economics, 2013, 128 (4): 1687-1726.

［238］Mian A R, Sufi A. What Explains the 2007-2009 Drop in Employment? ［J］. Econometrica, 2014, 82 (6): 2197-2223.

［239］Milosch J. House Price Shocks and Labor Supply Choices ［R］. University of California Unpublished Working Paper, 2014.

［240］Modigliani F, Cao S L. The Chinese Saving Puzzle and the Life-Cycle Hypothesis ［J］. Journal of Economic Literature, 2004, 42 (1): 145-170.

［241］Nirei M. Quantifying Borrowing Constraints and Pecautionary Savings ［J］. Review of Economic Dynamics, 2006, 9 (2): 353-363.

［242］Pan X, Wu W. Housing Returns, Precautionary Savings and Consumption: Micro Evidence from China ［J］. Journal of Empirical Finance, 2021, 60: 39-55.

［243］Paulson A L, Townsend R M. Entrepreneurship and Financial Constraints in Thailand ［J］. Journal of Corporate Finance, 2004, 10 (2): 229-262.

［244］Phillips R A, Vanderhoff J H. Two-earner Households and Housing Demand: The Effect of the Wife's Occupational Choice ［J］. The Journal of Real Estate Finance and Economics, 1991, 4 (1): 83-91.

［245］Poterba J M. Stock Market Wealth and Consumption ［J］. Journal of Economic Perspectives, 2000, 14 (2): 99-118.

［246］Rooij M Van, Lusardi A, Alessie R. Financial Literacy and Stock Market Participation ［J］. Journal of Financial Economics, 2011, 101 (2): 449-472.

［247］Rosen H S, Wu S. Portfolio Choice and Health Status ［J］. Journal of Financial Economics, 2004, 72 (3): 457-484.

［248］Saiz A. The Geographic Determinants of Housing Supply ［J］. Quarterly Journal of Economics, 2010, 125 (3): 1253-1296.

［249］ Sandmo A. The Effect of Uncertainty on Saving Decisions ［J］. The Review of Economic Studies, 1970, 37 （3）: 353-360.

［250］ Schmalz M C, Sraer D, Thesmar D. Housing Collateral and Entrepreneurship ［J］. Journal of Finance, 2017, 72 （1）: 99-132.

［251］ Sheiner L. Housing Prices and the Savings of Renters ［J］. Journal of Urban Economics, 1995, 38 （1）: 94-125.

［252］ Shi X, He Z, Lu X. The Effect of Home Equity on the Risky Financial Portfolio Choice of Chinese Households ［J］. Emerging Markets Finance and Trade, 2018, 56 （3）: 543-561.

［253］ Shum P, Faig M. What Explains Household Stock Holdings ［J］. Journal of Banking and Finance, 2006, 30 （9）: 2579-2597.

［254］ Sinai T, Souleles N S. Owner-occupied Housing as a Hedge against Rent Risk ［J］. The Quarterly Journal of Economics, 2005, 120 （2）: 763-789.

［255］ Skinner J. Risky Income, Life Cycle Consumption, and Precautionary Savings ［J］. Journal of Monetary Economics, 1988, 22 （2）: 237-255.

［256］ Skinner J S. Is Housing Wealth a Sideshow? Advances in the Economics of Aging ［M］. Chicago: University of Chicago Press, 1996.

［257］ Starkey J L, Port B. Housing Cost and Married Women's Labor Force Participation in 1980 ［J］. Social Science Journal, 1993, 30 （1）: 23-45.

［258］ Stock J H, Yogo M. Testing for Weak Instruments in Linear IV Regression ［M］// Andrews D W K, Stock J H. Identification and Inference for Econometric Models. Cambridge: Cambridge University Press, 2005.

［259］ Thaler R H. Anomalies: Saving, Fungibility, and Mental Accounts ［J］. Journal of Economic Perspectives, 1990, 4 （1）: 193-205.

［260］ Vestman R. Limited Stock Market Participation Among Renters and Homeowners ［J］. Review of Financial Studies, 2019, 32 （4）: 1494-1535.

［261］ Wang S. Credit Constraints, Job Mobility, and Entrepreneurship: Evidence from a Property Reform in China ［J］. The Review of Economics and Statistics, 2012, 94 （2）: 532-551.

［262］Wang X, Wen Y. Housing Prices and the High Chinese Saving rate Puzzle ［J］. China Economic Review, 2012, 23 (2): 265-283.

［263］Wachter J A, Yogo M. Why Do Household Portfolio Shares Rise in Wealth ［J］. Review of Financial Studies, 2010, 23 (11): 3929-3965.

［264］Waxman A, Liang Y, Li S, et al. Tightening Belts to Buy a Home: Consumption Responses to Rising Housing Prices in Urban China ［J］. Journal of Urban Economics, 2020, 115: 103190.

［265］Wei S, Zhang X. The Competitive Saving Motive: Evidence from Rising Sex Ratios and Savings Rates in China ［J］. Journal of Political Economy, 2011, 119 (3): 511-564.

［266］Worswick C. Credit Constraints and the Labor Supply of Immigrant Families in Canada ［J］. Canadian Journal of Economics, 1999, 32 (1): 152-170.

［267］Yamashita T. Owner-occupied Housing and Investment in Stocks: An Empirical Test ［J］. Journal of Urban Economics, 2003, 53 (2): 220-237.

［268］Yao R, Zhang H H. Optimal Consumption and Portfolio Choices with Risky Housing and Borrowing Constraints ［J］. Review of Financial Studies, 2005, 18 (1): 197-239.

［269］Yueh L. China's Entrepreneurs ［J］. World Development, 2009, 37 (4): 778-786.

［270］Zeldes S P. Consumption and Liquidity Constraints: An Empirical Investigation ［J］. Journal of Political Economy, 1989, 97 (2): 305-346.

［271］Zhang Y, Wan G H. Liquidity Constraint, Uncertainty and Household Consumption in China ［J］. Applied Economics, 2004, 36 (19): 2221-2229.

［272］Zhao J, Li J. The Dual Effects of Housing on Portfolio Choices: Evidence from Urban China ［J］. Annals of Economics and Finance, 2017, 18 (2): 253-276.

［273］Zhou Q, He Q, Yuan Y. Does Residential Housing Crowd Out or Promote Households' Stock Investment? Evidence from China ［J］. Emerging Markets Finance and Trade, 2017, 53 (8): 1869-1893.

［274］ Zhu B，Li L，Downs D H，et al. New Evidence on Housing Wealth and Consumption Channels ［J］．Journal of Real Estate Finance and Economics，2019，58（1）：51-79.